Les Contes de Pleine-Lune

G. Abbeshore

La Malédiction
de la
Sorcière

Certains livres devraient rester fermés

VOLUME I

s01e01

Auteur: G. Abby Stale
Corrections : Célia Dominique, Lilou
Editing, Art et mise en page : Gabriel Estalayo
Contact: info@lescontesdepleinelune.com / www.g-abbystale.com
Page FB : Page FB : https://www.facebook.com/G.Abby.Stale.Writer/

Remerciements

Je remercie ma famille et surtout mon épouse Célia pour tout le travail fourni afin que ce livre voie le jour.

Merci aussi à tous ceux et celles qui m'ont soutenu d'une façon ou d'une autre, directement ou indirectement.

Je dédie ce livre à toutes les personnes qui ont commencé à écrire une histoire et qui ne sont pas encore arrivées au bout.

Ne baissez pas les bras, le premier livre est le plus difficile !

G. Abby Stale

G. Abby Stale

Chapitre 1

L'appel

CHAPITRE UN

- L'appel -

C'était un beau dimanche de mai. Il était un peu plus de 7 heures du matin. Le soleil était levé et baignait toute la côte d'une magnifique lumière jaune. Il faisait encore frais, mais la journée s'annonçait déjà magnifique. Toute la famille Smith était debout et se préparait pour une journée très spéciale. En effet, c'était la représentation de la chorale de l'église de Pleine-Lune et c'était la première fois que les jumeaux y participaient. Les jumeaux, c'était Danny et sa sœur Lily. Le premier était l'aîné de quelques minutes et il en était très fier. Ils avaient un petit frère de deux ans nommé David.

Peter Smith, le papa, était devant la glace en train de se raser, alors que Lily et Danny préparaient leurs beaux habits de la chorale. Vania, la maman, confectionnait le petit-déjeuner sous les yeux observateurs de David, qui essayait de la suivre du regard.

— Peter, les enfants… Le petit-déjeuner est prêt ! Descendez avant qu'il ne refroidisse ! dit Vania de sa belle voix.

Les enfants étaient surexcités et, en même temps, terrorisés à l'idée de devoir chanter devant une foule.

— Alors, les enfants, vous êtes prêts pour le grand jour ? demanda leur papa, tout en se servant des pancakes.

— Moi, ça va, mais Lily est terrorisée ! Je suis sûr qu'elle pleurait dans la chambre, répondit Danny en se moquant de sa sœur.

— Non, c'est pas vrai ! Je n'ai pas pleuré, rétorqua Lily en se défendant.

— Je sais, ma chérie, ne fais pas attention à ton frère ! Si ça se trouve, c'est lui qui est terrorisé... dit la maman en la rassurant.

— Ah non ? Alors pourquoi tu avais les yeux rouges quand je t'ai vue ce matin sortir de ta chambre ? demanda son frère.

— Parce que j'avais quelque chose dans l'œil, affirma sa petite sœur.

— Danny, arrête d'embêter ta sœur ! Si elle pleure ou a peur, c'est compréhensible. Ce n'est pas évident de chanter devant un public. Et ce n'est ni gentil, ni intelligent de se moquer d'elle... Alors, finissez votre déjeuner et partons ! Il faut arriver avec suffisamment d'avance pour répéter, dit le papa, ce qui installa le calme.

Une fois le premier repas de la journée terminé et toute la famille prête, ils se rendirent en voiture en direction de l'église. Elle n'était qu'à quinze minutes en véhicule, mais cela aurait pris trop longtemps à pied. Après les répétitions, le grand moment était arrivé…

— Mes chers frères, mes chères sœurs, voici le chant de ce dimanche interprété par le Chœur de notre église, dit le révérend Mathieus.

Après quelques chants de la chorale et les chaleureux applaudissements du public, le Révérend invita les enfants à rejoindre leurs familles afin de profiter du buffet préparé par les quelques bénévoles.

— Bravo les enfants ! dit leur maman.

— Oui, bravo ! C'était vraiment super ! ajouta leur papa en les serrant fort contre lui. Bon... Allons manger quelques croissants et boire un café en discutant avec tous ces gens, dit-il d'un ton réjoui.

Vania posa David sur le sol afin de se servir un café, alors que Peter discutait avec les parents d'Albert, un ami de Danny qui était dans la même classe que celui-ci. Pendant ce temps, Danny et Albert mangeaient des croissants et Lily jouait avec ses copines.

Alors que Vania dégustait son excellent café, accompagné d'une ou deux pâtisseries, David se mit à pleurer. Elle remarqua alors qu'il lui manquait son nounours qui avait dû rester sur le banc, à l'intérieur de l'église.

— Danny ! appela-t-elle.

— Oui, maman ?

— Va me chercher le nounours de David, s'il te plaît, il a dû rester sur le banc à l'intérieur.

— D'accord, maman, j'y vais !

— Merci mon cœur, répondit-elle en prenant le plus jeune dans ses bras afin de calmer ses pleurs.

Danny rentra dans l'église et se dirigea vers le banc où ses parents avaient été assis, mais il ne trouva pas le nounours de son petit frère…

Peut-être que c'est le Révérend qui l'a ramassé ? pensa-t-il… Alors, il décida d'aller dans le bureau de ce dernier dont la porte était entrouverte. Il entra après avoir toqué.

— Révérend, vous êtes là ?

Pas de réponse.

— Révérend Mathieus, je cherche le nounours de mon petit frère, est-ce que vous l'auriez-vu ?

Mais il n'y avait personne. Par contre, il vit une porte ouverte qui donnait sur des marches descendant au sous-sol de l'église.

Peut-être qu'il est là...

Danny s'aventura timidement vers les marches, qu'il descendit, tout en appelant d'une voix hésitante le Révérend. Une fois en bas, il découvrit une pièce vide dans laquelle se trouvait une vieille armoire en bois gravée de symboles illisibles, fermée par des supports en fer et par un gros cadenas qui semblait incassable. Devant ladite armoire, se trouvait un pupitre qui devait sûrement servir à consulter des livres tout en se tenant debout.

Danny s'approcha de l'armoire, comme envoûté par celle-ci. Pas après pas, il s'avança, dépassant le pupitre en question, et arriva devant la mystérieuse armoire. Il sentit une étrange force qui l'appelait, une sorte de voix intérieure :

— Libère-moi, Danny. Libère-moi !

Puis il tendit sa main comme pour toucher le verrou.

— Que faites-vous ici ? s'écria le révérend Mathieus d'une voix fâchée.

Danny sursauta de peur.

— Euh… rien, Révérend… Je ne sais pas vraiment… Je cherchais le nounours de mon petit frère, et je suis venu voir si vous l'auriez ramassé et… et je me suis retrouvé ici… devant cette armoire… dit Danny, gêné, alors qu'il entendait encore l'appel de cette étrange voix.

— Alors sortez d'ici, jeune homme ! Ce n'est pas un lieu pour vous. D'ailleurs, il est formellement interdit d'y entrer ! répliqua le révérend d'un ton autoritaire.

— Oui, Révérend, pardon ! dit-il en se dirigeant vers la porte… Mais qu'y a-t-il dans cette armoire ?

— Rien de bon, jeune homme ! Ce qu'il y a dans cette armoire dépasse la compréhension humaine et doit rester scellé. Maintenant, sortez d'ici ou j'appelle vos parents !

— Entendu, je m'en vais et pardon encore une fois ! ajouta Danny en remontant les marches.

— Et toi, tu restes de l'autre côté ! ordonna le révérend en s'adressant à l'armoire.

Paroles que Danny entendit en quittant la pièce, mais auxquelles il n'accorda aucune importance… du moins pendant les quelques années à venir.

Chapitre 2

Le défi

CHAPITRE DEUX

- Le défi -

Plusieurs années s'étaient écoulées depuis ce fameux dimanche de mai. Danny et Lily n'étaient plus des enfants, mais des adolescents. Certes, ils ne faisaient plus partie de la chorale de l'église, mais avaient tous les deux rejoint des groupes d'activités parascolaires.

Lily faisait partie du club des majorettes du collège de Pleine-Lune. Elle en avait rêvé pendant bien des années et c'était finalement lors de son entrée en première année qu'elle avait été admise dans ce club tant désiré par moult filles. Son admission ne fut pas sans conséquences désastreuses, car bien qu'elle donnât une renommée, elle laissait place aussi aux jalousies, ce qui pouvait être mortel dans certains cas – pas au sens littéral bien entendu !

Danny, quant à lui, c'était vers le football qu'il s'était tourné. Enfant, il était déjà costaud et l'adolescence n'avait fait qu'accentuer ce qu'il était autrefois. Lors de son entrée au collège, il avait été repéré par le professeur de gym qui entraînait l'équipe de football grâce à sa vitesse et à sa force musculaire qui lui avaient donné l'avantage sur bien d'autres enfants. Donc, après un court essai, il fut admis chez les « Wolfs », l'équipe et la fierté de toute la ville de Pleine-Lune.

Les jumeaux avaient une excellente complicité, contrairement à leur enfance durant laquelle ils se chamaillaient constamment.

À présent, ils se retrouvaient souvent ensemble durant les matchs et durant les fêtes organisées.

Il faut dire aussi que le fait que Lily sortait avec le capitaine des « Wolfs » et que Danny côtoyait la leader des majorettes, contribuait à rendre leurs rencontres nombreuses et c'était ce qui créait cette complicité entre le frère et la sœur. D'ailleurs, leurs fêtes d'anniversaire étaient réputées pour être les plus fréquentées de tout le collège, et faisaient fureur chez les ados fantasmant de rencontrer les plus beaux étudiants et étudiantes de tout le campus !

Le collège de Pleine-Lune était renommé, que ce fût pour ses excellents résultats scolaires, ses nombreux cursus scolaires, les résultats sportifs de ses clubs, les carrières entreprises par ses gradués ou simplement pour la qualité de vie de ses nombreux étudiants. Beaucoup de familles des villes voisines y envoyaient leurs enfants et voyaient en lui un bon investissement. Donc c'était un établissement scolaire à la réputation irréprochable.

Et ce n'était pas par hasard… vu que le directeur n'était autre que M. Hellport, fondateur de « Full-Moon Investments » – une firme financière connue sur toute la côte Est du pays, ayant financé beaucoup de projets dans divers domaines dont l'immobilier, la recherche et l'archéologie. Il était aussi l'un des membres d'honneur de la prestigieuse Académie de Littérature et des Arts du comté Greyson, qui regroupait plus de 300 membres sélectionnés parmi des personnalités très importantes et influentes de l'État.

Côté sport, nous avions des professeurs ayant fait, dans leurs jeunes années, la une des journaux sportifs pour leurs incontestables résultats olympiques et les médailles remportées. M. Hellport avait su voir en ces jeunes champions un investissement sur le long terme, non seulement pour le collège mais aussi pour la ville. Et il n'avait pas eu tort car si Pleine-Lune était aussi réputée et ses habitants aussi prospères, c'était bien parce que le centre d'intérêt sur lequel son administration portait une attention délicate était l'éducation. Comme disait M. Hellport à chaque début d'année scolaire : « L'éducation est la pierre édificatrice d'une société et une société ne peut pas évoluer au-delà de l'éducation de ses membres ».

Donc, comme vous l'avez deviné, Lily et Danny étaient des étudiants acharnés dans leurs spécialités. Ils n'étaient pas les meilleurs, certes, mais ils réussissaient année après année, ce qui était aussi une condition pour continuer à faire partie des clubs dont ils étaient membres. C'était l'autre dicton non énoncé du collège : « Dans le collège de Pleine-Lune, il n'y a pas de place pour les losers ». Donc, ils n'avaient pas trop le choix.

Par contre, qui disait pression disait aussi décompression. Et quand on parlait de décompresser, nous parlions aussi des soirées cachées, des activités douteuses et des bêtises que pouvaient faire les adolescents durant les week-ends.

Tenez, par exemple, certains vendredis, ils se retrouvaient dans l'ancien parc de Blackwood – un quartier laissé à l'abandon en attendant un projet immobilier –, afin de jouer à « Ose ou Dose ». Ce jeu avait pour but de créer de l'adrénaline en effectuant des petites choses pas trop graves – mais qui pouvaient attirer des ennuis si la personne se faisait prendre – ou alors de réaliser des choses qui faisaient peur ou pour lesquelles il fallait une certaine quantité de courage. Dans « Ose ou Dose », tout ce qui créait de l'adrénaline était un objectif louable.

Par exemple, l'un des compagnons des jumeaux, Mike, avait dû passer une nuit sur une pierre tombale du cimetière local, alors que la lune était pleine et qu'une étrange brume sévissait sur la ville, tout cela après avoir entendu des histoires au sujet des morts revenant à la vie. Bien que Mike l'eût fait, afin de ne pas passer pour le froussard de la bande, il n'avait pas fermé l'œil de toute la nuit à cause des dizaines de bruits venant de partout. Et d'ailleurs, il n'était pas près de recommencer l'expérience.

Cette fois, c'était au tour de Danny de jouer et comme le jeu l'exigeait, c'était au dernier ayant remporté un défi de choisir le défi du joueur suivant. Et le dernier l'ayant remporté n'était autre qu'Albert, son copain d'enfance, qui connaissait tous ses secrets, même les plus sombres.

« La bande des Douze », comme ils s'appelaient, se trouvait assise autour du feu pour la partie mensuelle de « Ose ou Dose » qui se déroulait à la fin du mois, le dernier vendredi pour être exact.

— Très bien, Danny, nous sommes tous réunis ce soir afin de défier nos limites et repousser nos peurs, et ce soir, c'est à toi, mon ami Danny, qu'incombe le défi. Nous sommes douze joueurs, pour douze défis en douze mois. Tu es le neuvième joueur et donc, c'est en cette soirée veillée par une lune pleine que tu devras surmonter l'une de tes peurs, dit Albert d'une voix presque théâtrale. Et cette épreuve en est une qui, je le sais, te terrifie depuis ton enfance.

Pendant ce temps, Danny rigolait, amusé par la prestation verbale d'Albert, qui y mettait tout son cœur pour amuser la galerie.

— Voici donc ton épreuve : quand nous étions enfants, tu m'avais parlé d'une armoire fermée à clé dans l'antichambre du révérend Mathieus. Je veux que tu ouvres cette armoire et que tu voles quelque chose de son contenu, puis que tu nous le rapportes.

— Ah non, Albert ! Tu sais que je n'y ai plus mis les pieds depuis ce dimanche ! s'écria Danny en protestant.

— Qu'y a-t-il, mon ami, tu aurais peur du Père ? demanda Albert sur un ton moqueur, ce qui fit rire tout le monde.

— Arrêtez, ce n'est pas drôle ! intervint Lily en le défendant.

— Non, ce n'est pas ça... C'est que c'est une église et voler l'église peut avoir des conséquences désastreuses, dit Danny.

— Oui, bien sûr ! Dieu pourrait te punir, n'est-ce pas ? répliqua Albert en ricanant.

— Oui... ou un ange venir avec une trompette t'annoncer que tu es enceint !! ajouta Mike, ce qui fit de nouveau rigoler tout le monde. Attends ! Tu m'as fait passer une nuit entière sur une tombe et maintenant tu nous la joues au croyant ? Tu es un chiard ! Avoue que tu as la frousse !! Allez, avoue-le !

— Non, je n'ai peur de rien, Mike ! répondit Danny avec une angoisse qui s'installait au fond de son ventre et qu'il s'efforçait de cacher. J'y vais et avec plaisir !

— Très bien ! Tu as deux heures pour réussir l'épreuve. Si tu échoues, tu quittes la « bande des Douze », et si tu réussis, tu restes. Comme la tradition le veut, l'un de nous au minimum doit rester ici et tous ceux qui veulent y aller pour témoigner, le peuvent, annonça Albert.

Lily et son copain Eithan, ainsi que deux autres amis, décidèrent de rester près du feu alors que tous les autres désiraient être témoins de la scène.

— Très bien... Danny, tu as deux heures à partir de ce moment. Commence !

Puis ils partirent tous en direction de l'église.

Chapitre 3

L'armoire

CHAPITRE TROIS
- L'armoire -

Il y avait trois églises ou lieux pour se recueillir à Pleine-Lune. Tout d'abord la vieille église qui se trouvait sur une petite colline surplombant la mer. Selon les dires, elle était la toute première de la ville. Elle avait été construite là afin que les âmes des disparus en mer puissent trouver le chemin de la paix. Lorsque notre ville avait été fondée, nos ancêtres vivaient principalement de la mer, les animaux étant rares et la grande forêt pas trop populaire.

Le deuxième lieu sacré était la chapelle du nouveau cimetière. L'ancien se trouvait à l'arrière de la vieille église, mais avec les années, un grand terrain avait été assigné à cette fonction et une chapelle avait été construite pour que les familles puissent se recueillir avant ou après l'enterrement du défunt. Cette chapelle n'était pas très grande mais remplissait bien son rôle au moment où il le fallait le plus, ce qui lui donnait une grande valeur.

Le troisième lieu sacré était la nouvelle église située sur Main Street. Elle avait été bâtie il n'y avait pas plus de cent cinquante ans, elle était donc assez récente mais avec un style ancien. Contrairement aux racines de la ville ou à son histoire, c'était une église de style gothique avec une architecture typique du genre. Bien que située en ville, elle comprenait un beau jardin et un mur de pierre de 2 mètres tout autour afin de protéger la propriété et donner de la discrétion à ceux qui en avaient besoin. C'était dans cette dernière que se trouvait la tant crainte armoire d'où Danny devait dérober un objet.

Le groupe arrivait sur les lieux... Certains se cachèrent derrière le mur, d'autres entre des véhicules, mais tous restèrent dans l'ombre. Danny, quant à lui, longea le mur lentement comme si de rien n'était, afin de ne pas attirer l'attention des passants qu'il n'aurait pas vus au préalable et surtout pour repérer les éventuelles fenêtres ouvertes.

Voilà le mur ouest longé, passons devant afin de voir s'il y aurait quelque chose de suspect, se dit-il ; *il vaut mieux éviter les surprises, d'où un maximum de précautions et donc de repérage... Personne dans les parages et l'église est fermée… Normal à cette heure-ci.*

Danny passa tranquillement devant l'église et discrètement regarda de tous les côtés.

Quelqu'un aux fenêtres ? Non ! OK ! Y a-t-il une voiture en marche ? Non plus. Quelqu'un dans les parages ? Toujours pas… Aucune fenêtre ouverte, mais peut-être que son bureau le sera...

Les autres jeunes le regardaient faire son repérage.

— Purée, mais vas-y ! Qu'est-ce que tu attends ? murmura Mike.

— Laisse-le prendre ses marques... Le but n'est pas de se faire choper, ajouta Marc.

— Oui, mais bon, ce n'est pas une raison pour traîner non plus, reprit Mike, alors que tous les deux se faufilaient dans les ombres et passaient de voiture en voiture.

Danny remonta le mur est de l'église en direction de l'arrière et remarqua qu'en effet, la fenêtre du bureau était légèrement ouverte. Une fois parvenu à cet endroit, il jeta un dernier coup d'œil de part et d'autre, puis prit son élan, posa un pied contre le mur, s'accrocha à lui, posa son autre pied et passa par-dessus le mur pour atterrir sur l'herbe qui entourait le vieux bâtiment. Son premier réflexe fut de s'accroupir et d'écouter l'environnement, à l'affût de tout bruit suspect, mais rien ne se manifesta. Après avoir attendu un tout petit peu, il se leva, se colla contre le mur de l'église qu'il longea en direction du bureau. Arrivé à hauteur des fenêtres, il marcha accroupi jusqu'à celle qui était ouverte. Il vit alors qu'il y avait assez d'espace pour passer son bras et enlever le système de blocage, ce qu'il fit facilement. La fenêtre s'ouvrit sans aucun problème malgré un petit grincement. Il attendit quelques secondes avant de se pencher pour voir s'il y avait quelqu'un, mais non, le passage était libre...

Avec un petit effort, il grimpa sur le rebord de la fenêtre et se glissa à l'intérieur de la pièce. Son cœur battait fort, il savait qu'il ne devait pas faire ce qu'il était en train de manigancer et quelque chose, à l'intérieur de lui, lui disait qu'il commettait une bêtise.

Qu'est-ce que ça peut être glauque... Ça me fout la chair de poule, cet endroit, se dit-il, et c'est vrai qu'il y avait de quoi ! L'odeur de vieux ne facilitait pas les choses non plus, et la lumière des lampadaires au travers des vitraux projetait des formes et des couleurs sur les meubles et les murs. Danny n'était pas rassuré.

Bon, voyons si la porte de l'antichambre est ouverte... Dans le pire des cas et avec un peu de chance, la clé devrait être dans un tiroir. Mais voyons d'abord... Non... fermée.

Danny se dirigea alors vers le bureau du Révérend, ouvrit la petite porte de droite et trouva la clé accrochée.

Certaines habitudes ne changent jamais... hein, mon Père ?

Alors que Danny éprouvait un sentiment de réussite pour cette première difficulté franchie, il s'approcha de la porte menant à l'antichambre, introduisit la clé, tourna dans le sens des aiguilles d'une montre, mais la clé ne tourna pas. Il tourna alors dans le sens inverse...

Tiens bizarre, la serrure s'ouvre à l'envers, observa-t-il, puis il ouvrit la porte grinçante qui donnait accès aux marches conduisant à l'antichambre.

Sérieux !?! Je dois descendre là-dedans !?! Mais dans quelle m... je me suis fourré !! se dit-il avant d'allumer le vieil interrupteur sur la droite qui illumina le passage... *Bon, derniers mètres...*

Arrivé en bas des marches, Danny se retrouva face au vieux pupitre et à la fameuse armoire qui l'avait tant traumatisé durant son enfance.

Ah ! Te voilà, maudite armoire ! Dire que tu m'as hanté durant toutes ces années alors qu'en fait tu n'es qu'une simple et vieille armoire ! lui dit-il en s'approchant d'elle. *Tiens, il a changé la serrure... C'est un cadenas à code... oh non ! Zut !!*

Il essaya plusieurs combinaisons pendant dix minutes et alors qu'il s'apprêtait à déclarer forfait, une voix envahit sa tête :

— 9... 9... 9... 6... 6... 6...

Danny resta figé de terreur. Son sang se glaça. Comme par un instinct de survie, ses yeux restèrent figés et son ouïe devint extrêmement fine. Ses pulsations cardiaques provoquaient des battements sur ses yeux.

— Ouvre... le... cadenas... dit cette voix d'outre-tombe.

Comme sous le contrôle d'une force extérieure, Danny s'approcha du cadenas et commença à rentrer le code... **CLAC**, il céda !

— Ouvre... la... porte...

Danny essaya de résister de toutes ses forces, mais plus il résistait et plus il sentait que la force prenait raison de lui. Enfin il ouvrit la porte et un livre tomba.

— Prends… le… livre…

Danny se baissa et ramassa ce livre de couleur bizarre, un mélange de beige clair et de beige foncé, semblable à du cuir fin, sec et fripé. Dessus, il y avait une gravure, comme faite avec un fer chaud, de forme triangulaire, avec une croix sur chaque côté.

— Pose… le… sur… le… pupitre…

Danny, contre sa volonté, se retourna vers le meuble et y posa le livre.

— Mets… ta… main… dessus…

Sa main droite se leva. Dans une tentative pour combattre la voix, il attrapa sa main droite avec sa main gauche afin de l'empêcher de toucher le livre quand il fut frappé d'une douleur aiguë à l'intérieur du front.

— Ne… me… résiste… pas… simple… mortel…

Le jeune homme, pris de douleur, porta sa main à son front alors que l'autre main continuait sa trajectoire vers le livre pour se poser dessus. Alors que sa douleur s'atténuait et que sa main se trouvait sur la gravure, une petite aiguille sembla lui piquer trois endroits de la main. Danny voulut crier « À l'aide ! » mais aucun son ne sortit de sa gorge. Par contre, du sang coulait de sa main.

Le livre, au contact du sang, vibra. Le cuir devint plus souple puis il s'ouvrit tout seul. Les pages tournèrent à vive allure et s'arrêtèrent à une page où l'on pouvait lire le titre : « Zyla, la Sorcière Maudite », sous lequel étaient dessinés des symboles étranges qui ressemblaient à une langue.

— Lis ! ordonna la sombre voix.

Danny se retrouva en train de prononcer des mots qui ressemblaient à une incantation. Sa voix était composée de deux voix, une grave et une plus aiguë, l'une par-dessus l'autre et le tout chuchoté :

— Sit venefica maledicta liberari ad sitim ultionis restinguendam.

Après ces quelques mots, une explosion sourde accompagnée d'un éclair retentit. Danny se retrouva projeté contre le mur en pierre et, avant de perdre connaissance pendant quelques minutes, il eut le temps de voir une forme ténébreuse similaire à de la fumée sortir du livre pour disparaître par les escaliers.

Quelques minutes plus tard, il reprit connaissance. N'étant pas trop sûr de ce qui s'était produit, il décida de prendre le livre avec lui, lequel à présent, se trouvait à terre mais fermé. Simple précaution au cas où il en aurait besoin... Puis, du mieux qu'il le put, il remonta les escaliers et quitta cette maudite église par la fenêtre afin de retourner au feu de camp.

Après avoir marché le plus vite possible, il arriva finalement au feu de camp.

— Mais tu étais où ? lui demanda Lily en le prenant dans ses bras, nous étions morts de trouille !

— Oui, on n'a pas compris, car nous t'avons tous vu sortir et te déplacer à grande vitesse et d'une façon étrange, comme si tu glissais au-dessus du sol, dit Mike.

— Nous avons tous cru que tu serais ici, mais quand nous sommes arrivés, tu n'y étais pas. On a pensé t'avoir paumé sur le chemin, ajouta Marc.

— Purée, qu'est-ce que tu as fait là-bas, dedans, qui t'a pris si longtemps ? D'ailleurs, on a entendu une explosion sèche, que s'est-il passé ? l'interrogea Alex.

—Je... je ne... je ne sais pas... j'étais là... une voix... le livre... le sang... boum... dit-il, puis il s'écroula par terre, les yeux ouverts et le regard vague, laissant tomber le livre à côté de lui.

— Danny, Danny... Qu'est-ce que tu as ? dit Lily s'agenouillant à côté de lui et le giflant délicatement afin de le maintenir éveillé.

— Mais qu'est-ce que c'est que ça ? demanda Marc en ramassant le livre.

— Passe-le moi, exigea Albert qui le lui prit des mains.

— Zyla... sorci... libérée... articula Danny avant de perdre connaissance.

Chapitre 4

Ça commence

CHAPITRE QUATRE

- Ça commence -

Cela faisait presque une semaine que personne n'avait revu Danny. Ce dernier était alité et malade. D'après Lily, il était fiévreux depuis l'incident du livre et il ne cessait de divaguer en murmurant des mots qui étaient difficiles à comprendre. Le docteur O'Neil était passé le voir, mais il n'avait rien trouvé de grave, à part une sorte de grippe pas très commune de nos jours, mais qui était répandue dans le passé. D'après celui-ci, le dernier cas de cette grippe remontait à quatre-vingts ans et serait une grippe typique de la région. Historiquement, elle aurait causé beaucoup de ravages, mais grâce à l'avancée scientifique de notre époque, cela ne représentait aucune menace, mis à part la douleur et les délires qu'elle pouvait engendrer. Dans tous les cas, d'après lui, il serait sur pied dans une quinzaine de jours tout au plus.

Ce matin-là, l'école était plongée dans les murmures et l'inquiétude. En arrivant dans l'enceinte du collège, Lily aperçut des voitures de police avec les gyrophares activés, autour de l'aile sportive du campus. Les policiers avaient encerclé les lieux, et les professeurs dirigeaient les élèves vers les autres bâtiments afin qu'ils rejoignent rapidement leurs professeurs pour les cours et reçoivent des informations sur la présence de la police.

— Salut, Mélanie, que s'est-il passé ? demanda Lily à sa copine.

— Je n'en suis pas sûre, mais d'après ce que j'ai cru comprendre, deux filles ont été retrouvées sur le bord de la piscine couverte. Il semblerait qu'elles soient venues là avec leurs copains afin de se baigner pendant la nuit et que quelque chose se soit passé. Mais je n'ai pas plus d'informations que ça, dit Mélanie.

— C'est flippant ça ! répondit Lily.

— Tiens, voici l'une des filles ! dit Mélanie en pointant du doigt une personne enveloppée d'une couverture, accompagnée par un policier vers une ambulance.

— Oh ! Mais c'est la copine de Jake ! Tu sais, les frères danseurs qui avaient fait un tabac l'année passée, à un concours de danse contre l'école de Whitestone, précisa Lily, surprise et inquiète.

— Je vois qui ils sont, Lily, mais je ne savais pas qu'ils sortaient ensemble. Tu penses que c'est son frère, le deuxième disparu ?

— Aucune idée, mais j'espère que non ! Je vais demander à Eithan, ils ont des copains en commun.

Puis les deux copines rejoignirent leur classe, côte à côte, sans échanger un seul mot, perdues dans leurs pensées sur ce qui avait pu arriver ou pas. Dès qu'elles arrivèrent, elles s'assirent à leur place respective. Tous les étudiants chuchotaient en discutant des terribles nouvelles, essayant de trouver une explication raisonnable.

— Il paraît qu'ils étaient tous les quatre dans l'eau en train de nager lorsque quelque chose est apparu au fond de la piscine et les a tirés vers le bas, dit un élève.

— Oui, mais dans ce cas, ils auraient dû trouver les corps, non ? Chose qui ne s'est pas produite... Donc, ça ne peut pas être ça, ajouta un autre.

— Peut-être que leurs copines ont découvert qu'ils les trompaient et elles les ont tués puis enterrés ailleurs, avança un autre.

— Mais non ! Ces deux gars sont super balèzes ! Ce ne sont pas deux nanas qui vont les tuer et encore moins les déplacer. Et si c'était le cas, il y aurait du sang… en déduisit un autre.

— C'étaient les frères danseurs ? demanda Lily.

— Oui, Jake et Tobby. Ils s'étaient introduits dans la piscine pendant la nuit avec leurs copines et quelque chose les a emportés soudainement. J'ai cru comprendre que c'est le concierge qui les a trouvées terrorisées au bord du bassin et incapables de parler, lui répondit un camarade.

— C'est peut-être le monstre du Lock Ness qui est venu et qui les a emportés, supposa un autre camarade, tandis que plusieurs se mirent à rigoler.

— Ce n'est pas drôle, dit Lily, vous vous croyez intelligents ? Et si cela vous était arrivé, à vous ? Tant qu'ils n'ont pas trouvé QUI a fait ça, peut-être que nous sommes tous en danger !

Ses camarades ne dirent rien et cessèrent de discuter, soudain gênés.

— Pardon, Lily, tu as entièrement raison. Ce n'est pas drôle et il faudrait en effet savoir ce qui est arrivé. Ça serait terrible que ce soit un tueur en série… genre « Scream », dit l'un de ses copains… au moment où le professeur entrait en classe.

— Mes chers élèves, comme vous l'avez remarqué, une sombre et triste nouvelle s'est abattue cette nuit dans notre collège. Alors que deux jeunes couples prenaient un bain de nuit dans la piscine couverte, ce qui n'est pas autorisé par le règlement, une chose étrange s'est produite et les garçons ont disparu. La police enquête en ce moment pour comprendre ce qui s'est réellement passé et elle a besoin de l'aide de tout le collège pour tirer tout ceci au clair. Si vous avez des renseignements concernant les victimes ou ce tragique incident, veuillez me le dire afin que je vous mette en relation avec les enquêteurs. Si vous avez besoin d'un soutien psychologique, le professeur Martin se porte volontaire et reste à votre écoute. Pour le moment, reprenons le cours.

Les élèves baissèrent alors la tête et ouvrirent leurs cahiers afin de reprendre le cours là où ils l'avaient interrompu la dernière fois.

La sonnerie aiguë indiquant la fin du cours, retentit. Lily se dirigea vers la salle suivante lorsqu'elle croisa Eithan, à qui elle fit un bisou avant d'entamer la conversation :

— Salut chéri, ça va ? lui demanda Lily.

— Oui, ça va… Mais ça pourrait aller mieux après cette triste nouvelle, répondit-il.

— Tu les connaissais ?

— Oui, je connaissais plus Jake que son frère Tobby. Nous fréquentions les mêmes amis quand nous étions plus jeunes. Puis j'ai rejoint l'équipe, et lui, la danse hip-hop avec son frère. À partir de là, on s'est perdus de vue. Sa famille doit être secouée. Je n'ose pas l'imaginer.

— Et tu sais ce qui s'est produit ? demanda Lily.

— Non, mais c'est pour ça que je te cherchais ; viens manger dehors à midi. On va se réunir avec les « Douze » et discuter de tout cela.

— OK, on se voit tout à l'heure… Bisou.

Puis chacun partit de son côté.

À l'heure du déjeuner, toute la bande était assise sur l'herbe avec casse-croûtes et boissons.

— Lily, comment va Danny ? demanda Albert.

— Il va mieux. Je ne suis pas allée le voir ce matin avant de partir... Il a dû passer une mauvaise nuit. Je l'ai entendu gémir toute la nuit, mais il s'est finalement endormi tôt dans la matinée, ce qui fait que je n'ai pas trop fermé l'œil, répondit Lily.

— Et que dit le médecin ?

— Le docteur O'Neil pense que ce n'est rien de très grave, que c'est une espèce de vieille grippe, ou de virus dérivé de la fièvre noire, une sorte de vieille fièvre, et qu'il devrait bientôt s'en remettre.

— La fièvre noire ? interrogea Mélanie, je n'ai jamais entendu parler de cette fièvre... C'est quoi ?

— Je ne sais pas bien et je ne me suis pas posé la question non plus. Quand le docteur nous a dit cela, c'est vrai que j'ai cru que c'était grave, mais il nous a rassurés. Donc je n'en sais pas plus que toi, à part que ce n'est pas mortel et que c'est passager, dit Lily.

— La Fièvre Noire, aussi appelée Nigrum Febricitantem, est une maladie typique de notre région, apparue pour la première fois il y a des centaines d'années, et bien qu'elle ne soit plus fatale, elle le fut durant très longtemps. Cette maladie avait une particularité : celle d'apparaître tous les quatre-vingts à cent ans et de disparaître aussi mystérieusement qu'elle apparaissait. Le dernier cas remonte justement à quatre-vingts ans environ, expliqua Tommy.

— Comment sais-tu cela ? demanda Mélanie.

— Bah... vous me connaissez… je suis toujours attiré par l'histoire, les mystères du passé et par les choses qui font « Boum » dans la nuit, répondit-il.

Tommy était l'un des « Douze », et plus précisément, le bizarre, ou comme certains l'appelaient, « le Chelou ». Mais tout le monde l'adorait, car il avait toujours des histoires inhabituelles à raconter, et malgré l'incroyable nature de celles-ci, elles étaient tout le temps cohérentes. Tommy était le douzième membre, celui qui avait le plus souvent un point de vue qui défiait celui des onze autres. Il était le défi, la sécurité et donc son avis était toujours grandement apprécié.

Puis ils échangèrent des informations au sujet de ce qui avait pu se passer dans le bassin olympique la nuit dernière, car c'était en effet très étrange que les deux frères aient pu y disparaître sans laisser de traces, alors qu'ils étaient en train de nager, et que leurs copines affirmaient que quelque chose les avait tirés vers le bas. C'étaient de jeunes sportifs musclés et agiles. Ils ne pouvaient pas avoir disparu sans avoir laissé de traces de lutte.

— Hey, les amis, et si… et si…, dit Alex, alors que tout le monde cessait de parler, afin de l'écouter… Et si nous menions notre enquête de notre côté au cas où la police raterait des indices ?

— Oh oui !! s'exclamèrent-ils tous unanimement.

— ÇA, c'est du défi ! dit Mike.

— Oui, et de plus, ce serait le moment de mettre nos aptitudes au service de la Justice et de la Vérité… Bref, du Bien, quoi, répondit Alex.

Bien qu'il n'y eût pas de hiérarchie au sein de « la bande des Douze », appelée aussi « la B12 », Alex était celui qui était le plus respecté et qui, malgré tout, endossait le rôle de chef de bande. C'était son charisme, son sang-froid et son aptitude à prendre les bonnes décisions dans les moments de crise qui faisaient de lui la voix du groupe. Il avait un bon sens organisationnel et connaissait suffisamment de choses sur divers sujets pour émettre un avis ou un jugement juste et adéquat. Donc, il était souvent consulté et la décision finale lui revenait toujours. Peut-être parce que son père était le shérif ou parce qu'il faisait partie des boy-scouts depuis sa plus tendre enfance.

— Marc, est-ce que tu crois que tu arriverais à avoir accès à l'enregistrement des caméras de sécurité ? demanda Alex.

— Oui, mais par contre, il me faudrait un minimum de temps. Si je ne m'abuse, les enregistrements doivent être en circuit interne et sauvegardés dans le serveur du collège, donc il n'y aurait qu'à le hacker.

— Et tu en serais capable ? demanda Alex.

— Bien sûr ! Si j'ai hacké le serveur des pompiers, je peux bien hacker celui du campus, répondit-il.

— Moi, je peux regarder du côté des frères, dit Eithan. Je traînais avec Jake à l'époque, donc je pourrais toujours me renseigner auprès de ses amis.

— Moi je peux me renseigner auprès des copines de leurs petites amies ! Peut-être que je pourrais dénicher des infos ? annonça Lily.

— Oui ! moi aussi... déclara Mélanie.

— Moi, de mon côté, je peux faire une recherche et voir si des disparitions semblables ont déjà eu lieu dans le passé... Ou trouver quelque chose dans le passé qui puisse expliquer le présent, suggéra Tommy afin de contribuer à l'effort de groupe.

— Tant que tu ne viens pas avec une de tes histoires de vampires ou zombies…, dit Steve sarcastiquement en ricanant.

— Ouais, bah, en attendant, les morts-vivants existent, mais pas sous la forme de zombies. Ce sont des malades qui ont subitement eu une mort cérébrale, qui sont revenus à la vie dans les vingt-quatre heures, dès la constatation de leur mort, et qui se sont retrouvés avec des problèmes neurologiques, d'où leur lenteur et leur insensibilité à la douleur, expliqua Tommy sur un ton fâché.

— C'est bon, Steve, laisse-le tranquille ! En attendant, c'est lui qui t'a sauvé les fesses pour ton exposé sur des maladies inexplicables d'antan, que tu allais misérablement rater… N'est-ce pas ? Par contre, Steve, peux-tu regarder de ton côté… Si tu entends parler de quelque chose d'intéressant… Bon, l'heure est arrivée de retourner en classe, donnons-nous rendez-vous demain à la même heure, ici, dit Alex.

Puis ils repartirent tous en cours.

Chapitre 5

Enquête préliminaire

- Enquête préliminaire -

Tommy, une fois les cours terminés, rejoignit la librairie municipale de Pleine-Lune afin de mener sa petite enquête car, comme il le disait souvent : « Le présent peut toujours être expliqué par le passé ».

Tommy Carter était un garçon solitaire quand il n'était pas avec les « B12 ». Il s'habillait souvent en noir, avec des pantalons déchirés, des t-shirts aux messages anarchistes ou aux symboles sataniques et des baskets noires. Il portait souvent des bottes montantes. Ses cheveux noirs, décorés d'une mèche rouge sang, lui arrivaient aux épaules. Sa peau était pâle, particularité due au temps qu'il passait enfermé dans sa chambre ou à la bibliothèque, à étudier ou rechercher des histoires mystérieuses et résoudre des énigmes inexpliquées. Il se maquillait les yeux avec du charbon et portait un rouge à lèvres noir, bleu ou violet ; il se peignait aussi les ongles. Bien qu'il fût plutôt maigre, il avait un côté qui suscitait l'intérêt d'un certain nombre de filles. Parfois, il venait à l'école avec des verres de contact blancs, mais le plus drôle dans tout cela, était son style de musique… Tommy adorait la musique classique et possédait un niveau de culture assez élevé dans deux domaines qui, pour lui, avaient tout à voir : la politique et les arts occultes. Il était convaincu que la politique était l'outil moderne des forces du mal, que le gouvernement était au courant de phénomènes paranormaux qu'il s'efforçait de cacher et que cela faisait longtemps que l'enfer avait ouvert ses portes sur la terre. Tommy était capable de vous convaincre de sa vision en expliquant tous les plus grands événements de l'Histoire sous ce point de vue, et le pire dans tout cela était que sa version tenait la route !! Contrairement à la majorité des familles locales, la sienne avait immigré d'Irlande, il y avait plusieurs siècles, à la recherche de nouveaux horizons, car la famine avait frappé le pays. Il y avait peu d'informations sur ses origines ou ses racines, et tout portait à croire que quelque chose s'était produit à un moment donné. En tout cas, c'était ce que pensait Tommy, toujours aux aguets de nouveaux signes ou mystères. L'une des choses qui aurait pu expliquer sa solitude était le fait qu'il avait été élevé par ses grands-parents, car il avait perdu ses parents lorsqu'il était bébé.

Regardons du côté des journaux du passé… Peut-être que je trouverai quelque chose dans ceux qui datent de trente ou quarante ans...

Il alla à la section « Faits Divers » et passa deux heures à chercher des informations, mais ne trouva rien de concluant. Il remonta alors au-delà de 1940, mais il avait à peine commencé que Mme Miller s'approcha de lui :

— Hello, Mister Tommy ! dit-elle dans sa langue maternelle... Tu travailles sur un autre 'case' ? ajouta-t-elle avec un lourd accent british mais qui lui allait à merveille.

— Yes Madame, I am ! répondit-il avec un mauvais accent.

— And what are you working on? * lui demanda-t-elle.

— Je mène une enquête sur des disparitions inexplicables qui auraient pu se produire dans notre ville, mais je ne trouve rien pour l'instant... Je suis remonté jusqu'à 1940...

— OK ! Cela veut dire trois choses, my Dear... Premièrement, tu n'es pas sur la bonne source d'informations, it's not on the papers*. Deuxièmement, il n'y a rien eu de similaire or it's before*, dit Mme Miller avec l'intention de l'aider dans son enquête. Come and see me tomorrow at closing time*, I might be able to help you*, mais pour le moment il faut que je te mette à la porte car je dois fermer la bibliothèque… dit-elle souriant.

— Oh yes ! Bien volontiers, Madame Miller, répondit-il tout en rangeant ses affaires, puis il partit.

Marc, dit Le Geek, avait mis au point comme stratégie de travailler depuis les jardins du collège. Il fallut juste qu'il se procurât un récepteur wifi de meilleure qualité afin de capter depuis une distance plus grande, car il ne voulait pas risquer d'apparaître sur les caméras de surveillance de l'école, le but étant d'être invisible lors de son infiltration informatique. Le meilleur coin pour tenter le piratage des serveurs était aux alentours de l'aile de chimie, car c'était là que se trouvaient la plus grande concentration de surveillance et le wifi de meilleure portée.

Marc décida de se poster sur le talus en face de l'aile, derrière un arbre. Il était 17 h 30 et l'école commençait gentiment à se vider de ses élèves. Il s'adossa à l'arbre, tournant le dos au bâtiment, ouvrit son sac et sortit son ordinateur portable qu'il appelait « Léviathan ».

OK Lévy… Nous avons une nouvelle mission ce soir et ça doit être un carnage, mais rien ne te pose problème, n'est pas… ?

Puis il fit une petite pause comme pour attendre une réponse...

Bien ! La première chose que nous devons faire est de nous connecter au wifi...

Voyons ce que nous avons-là… trois réseaux ? OK… OK… Alors nous avons le réseau public… Non, ça ne doit pas être celui-ci, en tout cas pas pour l'instant… Quoique… Bon, je vais camoufler mon ID et voir si je remonte jusqu'au boîtier et si j'en ai l'accès…

Après une bataille d'une heure afin d'accéder au serveur, il remarqua qu'un garde de la sécurité – à qui il avait déjà eu affaire dans le passé dans une affaire de hacking dont il avait été disculpé – faisait sa ronde et se dirigeait dans sa direction.

Oh mais zut alors ! Il ne faut surtout pas qu'il me voie ici, ça attirerait trop l'attention sur moi et si quelque chose tournait mal, il serait le premier à mentionner mon nom… Bon, je décampe. Je continuerai demain.

Puis s'en alla.

Lily arriva chez elle et croisa le docteur O'Neil qui était en train de partir.

— Bonjour Lily, comment vas-tu ?

— Bien, merci. Et mon frère ?

— Il se porte bien, il est encore souffrant mais il va bien. J'ai donné à ta maman des antidouleurs qu'il faut lui administrer toutes les quatre heures, cela aidera aussi à faire baisser la fièvre.

— Entendu. Merci !

Le docteur lui sourit et s'en alla.

— Bonjour papa ! dit-elle à son père en lui faisant un bisou sur la joue. Où est maman ?

— Dans la chambre de ton frère. Le docteur vient de partir et lui a donné des instructions pour l'aider à se rétablir, lui répondit-il.

Puis elle monta à la chambre de son frère.

— Bonjour maman, comment va-t-il ? Est-ce qu'il souffre ? demanda-t-elle.

— Bonjour ma chérie, je ne t'ai pas entendue rentrer. Je suis tellement absorbée par cette histoire que j'avoue être un peu ailleurs. Non, il est resté assez calme toute la journée. Le docteur m'a dit de lui administrer des antidouleurs toutes les quatre heures, mais je reconnais que je ne suis pas trop pour qu'il ingurgite tous ces médicaments sans véritable raison. Je pense que je ne les lui administrerai que si je vois qu'il souffre.

— Oui, je comprends... Je vais dans ma chambre, j'ai des devoirs à commencer. On se voit au dîner !

— D'accord, on t'appelle tout à l'heure, répondit-elle.

Lily quitta la pièce, ferma la porte derrière elle, puis alla dans sa chambre afin de s'attaquer à ses tâches scolaires qu'elle finit tard dans la soirée.

Des heures s'étaient écoulées lorsque sa mère l'appela :

— Lily, descends, le repas est prêt, ma chérie !

Elle obtempéra immédiatement.

À table, le silence régnait. Sa mère devait sûrement avoir les idées fixées sur son fils qui, inexplicablement, se trouvait dans un état proche du coma mais dont « il ne fallait pas s'inquiéter » Lily, quant à elle, était perdue dans ce qui se cachait derrière la disparition des frères.

Le père brisa le silence :

— Lily, tu étais avec ton frère lorsqu'il a eu son malaise, n'est-ce pas ?

— Oui, papa, c'est exact.

— Tu veux bien, s'il te plaît, me dire ce qui s'est vraiment passé ?

— Oui... Nous étions entre nous et quelques garçons sont allés courir un peu et quand ils sont revenus, ils étaient surpris de ne pas avoir vu Danny. Ce dernier est arrivé quelques minutes plus tard, épuisé, prononçant des paroles incohérentes et qui ne voulaient rien dire, puis il s'est écroulé.

— Est-ce que ton frère prend des substances illicites qui auraient pu altérer son métabolisme ?

— Tu veux dire... avait-il bu plus qu'il n'aurait dû ? demanda-t-elle.

— Entre autres, oui, répondit son père.

— Ce que ton père demande, c'est si ton frère a pris des drogues pour s'amuser, précisa sa maman, avant qu'elle ait pu répondre à la question de son père.

— Papa ! Non ! Jamais ! Danny est un sportif, jamais il n'aurait eu l'idée de consommer des drogues. Si l'on découvrait qu'il en prend, il serait immédiatement renvoyé de son équipe, et il n'y a rien de plus important pour lui que le foot, répondit Lily, choquée.

— Écoute, chérie, ton papa essaie juste de comprendre ce qui a pu arriver à ton frère, tu es d'accord que c'est étrange, non ?

— Oui, mais de là à penser qu'il se drogue, il y a une différence !

— Tu sais, parfois les jeunes ne savent pas forcément comment s'amuser, et maintenant, avec cette mode des drogues récréatives, comme ils les appellent, on n'est plus sûr de rien...

— Pas Danny, maman, et ces soi-disant drogues récréatives ne sont qu'une excuse pour justifier la prise de drogues, toutes les drogues sont des drogues, que ce soit à but récréatif ou pas.

— OK, Lily, je te crois, et le contraire m'aurait étonnée, mais est-ce que tu aurais remarqué quelque chose de bizarre ou qui sortait de la normale avant que cela ne se produise ? questionna le papa.

— Il n'est pas là, David ? demanda soudain Lily afin de ne pas répondre à la question de son père.

— Non, il est chez un ami pour travailler sur un exposé, répondit sa mère.

Lily finit son repas... Après quoi, elle leur fit un bisou avant de prendre le chemin de sa chambre, passant devant celle de son frère où elle entra afin de voir comment allait son frère jumeau.

— Ne t'inquiète pas, Danny, ça va bientôt passer, lui dit-elle en tenant sa main dans la sienne. Le docteur O'Neil a dit que ce n'était que passager et que d'ici une dizaine de jours, tu serais sur pied.

Celui-ci s'était mis à gémir dès qu'elle avait prononcé le nom du médecin.

— Tu as mal, Danny ? Le docteur a dit à maman de te donner des calmants si elle voyait que tu avais mal. Il a dit que cela te ferait du bien.

Mais Danny continua de gémir au fur et à mesure qu'elle parlait.

— Ne t'inquiète pas, maman va venir dans quelques minutes afin de s'occuper de toi. Bonne nuit frangin !

Puis elle quitta la chambre afin de rejoindre la sienne.

* « Et sur quoi travailles-tu ? »
* « Ce n'est pas dans les journaux ».
* « Ou bien c'est avant ».
* « Viens me voir demain à la fermeture ».
* « Je pourrai peut-être t'aider ».

Chapitre 6

Creusons

CHAPITRE SIX
- Creusons -

La vie reprit son cours dans le collège de Pleine-Lune. Les classes de sport avaient recommencé et le bassin olympique était à nouveau ouvert aux étudiants. Devant le bâtiment, la bande jaune, mise là par la police, était toujours en place afin de sécuriser la scène de l'accident. Un ou deux policiers patrouillaient encore sur les lieux et le shérif discutait avec M. Hellport, directeur de l'école.

— Oui, absolument, il ne faut surtout pas que ça recommence, dit M. Hellport.

— Non, ce serait une catastrophe. Il faut en trouver la cause et y remédier tout de suite ou au plus vite afin que ça ne s'aggrave pas. On ne veut pas davantage de sang sur la conscience, répondit l'enquêteur.

— Et le Père Mathieus ? demanda Hellport.

— Il est au courant, mais il ne sait pas qui l'a volé, répondit le policier... Cependant, il est en train de tout faire pour trouver le ou les responsables...

Conversation que Mélanie entendit brièvement en passant à côté d'eux.

Une fois en classe, Mélanie envoya un message à Lily par écrit : « Il faut qu'on se voie avec les B12, j'ai des news », lequel message fut malheureusement intercepté par la professeure.

— Mélanie, qu'est-ce que vous venez de faire ? lui demanda-t-elle devant toute la classe qui s'arrêta de parler afin d'écouter.

— Rien, Madame, répondit Mélanie timidement et d'une voix douce.

— Alors qu'est-ce donc que ce billet de papier que vous avez jeté ? Ramassez-le et amenez-le-moi, s'il vous plaît ! ordonna-t-elle.

Mélanie, gênée, se leva, marcha jusqu'à la hauteur de Lily, se baissa et ramassa le billet, puis se dirigea vers la professeure.

— Tenez, Madame.

— Merci. Voyons voir ce qu'il dit… « Il faut qu'on se voie avec les B12, j'ai des news ».

À la suite de quoi la plupart des élèves se mirent à rire.

— Très bien, Mélanie. Et qu'avez-vous de si important à communiquer à votre amie qui requiert de lui envoyer un message en plein cours, et qui va vous coûter deux heures de votre mercredi après-midi ? demanda l'enseignante sarcastiquement.

— Rien de très intéressant, Madame.

— Bien, alors dans ce cas, vous allez quitter la classe et rester dans le couloir pendant vingt minutes. Avec un peu de chance, vous ne croiserez pas Monsieur le Directeur qui rôde dans les couloirs à l'affût de jeunes gens qui perturberaient les cours. Allez, dehors ! ordonna-t-elle sur un ton hostile.

Mélanie s'avança vers la porte, en échangeant un regard avec Lily qui la fixait attentivement, puis ferma la porte derrière elle et s'appuya contre le mur du couloir, en espérant que le directeur ne passerait pas par là… Lorsque des pas lourds retentirent et dont le bruit était émis par des talons en bois frappant le sol… Son cœur s'accéléra. Elle ne savait pas pourquoi mais elle avait un mauvais pressentiment au sujet de M. Hellport. Elle n'avait jamais eu affaire à lui, mais elle l'imaginait comme quelqu'un de sévère et le peu qu'elle avait entendu de sa conversation avec le shérif ne facilitait pas les choses. Puis, comme quand elle était petite, elle ferma les yeux en espérant que tout son entourage eût disparu ou qu'on ne pût pas la voir. Les pas s'arrêtèrent juste devant elle.

— Bonjour Mélanie, dit le directeur.

— Heu, bon... bonjour, Monsieur le Directeur. Vous connaissez mon nom ?

— Oui, bien sûr que je connais ton nom, répondit-il d'une voix grave mais calme. Pourquoi as-tu été sortie de ta classe ?

— C'est parce que j'avais besoin de passer un message à une amie et je me suis fait surprendre par la professeure. Je sais que je n'aurais pas dû, répondit-elle.

— C'est bien que tu le reconnaisses. Et de quoi voulais-tu parler à ton amie ?

Son cœur se remit à battre fortement :

— De... de...

Elle essaya de rapidement trouver une réponse qui ne dévoilerait pas le fait qu'elle avait entendu ce dont ils parlaient plus tôt.

— De... de choses... de... la disparition des frères Thomson, Monsieur.

— Oh, je vois, tu as entendu des choses au sujet de leur disparition ? demanda le directeur.

— Entendu... quelque chose... comme quoi... Mon... Monsieur ? avança-t-elle apeurée.

— Je ne sais pas, moi, à toi de me le dire ! Qu'est-ce que tu as entendu de si intéressant ? dit-il comme s'il savait qu'elle avait entendu quelque chose de sa conversation.

— Non, non... je n'ai rien entendu d'intéressant... Monsieur. C'est juste que nous sommes inquiètes pour la disparition des frères, répondit-elle.

— C'est bien, Mélanie, tant mieux ! À présent, tu peux retourner en classe. Viens, je te raccompagne et, s'il te plaît, passe le bonjour à ton père de ma part.

— Vous connaissez mon père, Monsieur ? demanda-elle.

Mais il ne répondit pas. Il se contenta simplement d'esquisser un sourire, tout en se dirigeant vers la salle de classe d'où Mélanie avait été exclue.

— Madame Lenny, Mélanie a compris la leçon. Je vous prie de l'accueillir de nouveau dans votre classe, dit-il à la professeure, qui acquiesça de la tête en signe d'approbation.

À la fin du cours, Lily et Mélanie sortirent ensemble.

— Que t'a dit le Directeur ? Il t'a engueulée ? demanda Lily, curieuse.

— Non, il m'a simplement dit de retourner en classe et de passer le bonjour à mon père. Tu te rends compte ? Mon père et M. Hellport se connaissent ! lui annonça Mélanie, encore stupéfaite.

— Ça alors ! dit Lily surprise. Bon. Allons retrouver la bande et voir quelles sont les nouvelles.

Arrivés sur le lieu habituel de leur pause de midi, plusieurs des « Douze » discutaient entre eux des dernières rumeurs et autres choses reliées de près ou de loin à cette affaire de disparition.

— Bon... Qui a des nouvelles ? s'enquit Alex, le chef.

— Le Chelou, tu as trouvé quelque chose ? demanda Eithan en souriant.

— Non. Je suis allé hier à la bibliothèque. Je suis remonté jusqu'en

1940, mais je n'ai rien découvert au sujet de disparitions inexplicables. Par contre, Mme Miller va me donner un coup de main ce soir, dit-il.

— Ah le petit coquin… La belle british va lui donner un coup de main !! ohh, ça promet !! dit Steve.

— T'es pas drôle, Steve, intervint Lily. Tu as beau l'appeler le Chelou, toi par contre, tu mérites bien ton surnom du Relou !

— Pas faux ! Là, Lily, tu marques un point ! ajouta le chef, Alex. Très bien, quelqu'un d'autre a des news ? Le Geek ?

— Bof… pas trop. J'ai fait une tentative mais je n'ai pas pu m'introduire dans le réseau. Il y a un garde qui me tient à l'œil et qui pense que je suis toujours sur un coup chelou, répondit Marc, le Geek.

— Bah, il n'a pas tort, dit Mike, le frère jumeau du Relou.

— Oui, il faudrait que je trouve une façon de pouvoir rester dans l'enceinte du collège sans que ce soit suspect, et là, je ne vois pas comment faire…

— Moi, j'ai une idée, dit Mélanie. Je viens de me faire coller ce matin et je dois rester mercredi après-midi, pourquoi ne pas te faire coller aussi ? Cela te permettrait de rester à l'intérieur du collège !

— Oh la bonne idée de la mort qui tue !! Purée, Mél, trop bonne ! L'idée donc, pas toi… enfin si, t'es bonne aussi… mais je veux dire que l'idée est bonne… et toi aussi, bien sûr !

— C'est bon, Marc, j'avais compris, relax ! Tu vas encore boguer, lui dit Mélanie.

— Et ton frère, comment il va ? demanda le chef à Lily.

— Il va bien, répondit-elle, le docteur est passé le voir hier et lui a ordonné des calmants, donc là, il est pas mal sous sédatifs.

— Très bien. Moi de mon côté, dit le chef, je n'ai rien trouvé pour l'instant. J'ai accès aux communications du bureau du shérif, mais rien à déclarer… J'ai essayé de discuter avec mon père, mais je ne le vois pas assez, on se croise. Il est pas mal absent depuis l'autre jour.

La pause de midi étant finie, chacun reprit ses cours respectifs.

— Hello, Mister ! Je vois que tu es ponctuel… I got something for you*! Suis-moi, annonça Mme Miller à Tommy.

Puis ils se dirigèrent vers une porte où il était écrit « Accès restreint ». Elle prit ses clés et ouvrit une porte derrière laquelle se trouvait une pièce plongée dans l'obscurité. Une fois à l'intérieur, elle alluma la lumière et on pouvait alors apercevoir des rangées de bibliothèques, quelques ordinateurs, ainsi que des appareils à lecture de microfilms.

— Mais où sommes-nous, Madame Miller ?

— Nous sommes dans la salle des archives historiques. C'est ici que tu trouveras les affaires non classées ou les documents dits sensibles, car ils concernent la ville, les politiciens, etc.

— Oh merci, Madame Miller ! C'est génial ! s'écria-t-il plein d'enthousiasme.

— Yes ! Mais nous n'avons qu'une heure. J'ai la responsabilité de scanner ces documents afin de mieux les conserver, et je dois le faire everyday* pendant une heure après le closing*. So… we got one hour* !

Les deux enquêteurs firent un rapide meeting de coordination afin de déterminer ce qu'ils recherchaient…

— Nous devons trouver des disparitions inexplicables qui se seraient produites et qui n'ont pas été résolues, expliqua Tommy.

Après avoir parcouru pendant un peu plus d'une heure les divers documents et microfilms, ils en étaient au même point.

— C'est quand même fou toutes ces histoires, c'est glauque. On se croirait dans une autre ville ! s'exclama Tommy.

— I know ! C'est comme Londres by night, cela change toute la ville et son histoire !

— Oui, par contre, il n'y a rien de concluant… rien qui se rapporte de près ou de loin à une disparition…

— No… aucune disparition… Mais passons en revue les informations… What do we know* ? demanda-t-elle.

— Nous savons que deux frères ont disparu dans la piscine de façon mystérieuse sous les yeux de leurs copines qui ne peuvent pas l'expliquer.

— Very good. Y a-t-il autre chose qui s'est produit juste avant ou juste après et qui sortirait du commun ? An event never happens alone*… Qu'as-tu vu ou entendu de bizarre avant ou après, que ce soit relié ou non ?

— Rien… répondit-il rapidement.

— Think again* !

— Non… rien ! dit-il en regardant ailleurs.

— Tommy ! Me caches-tu quelque chose ?

— Heu… non…, répéta-t-il en hésitant et regardant au sol.

— Oh my god ! Tu sais quelque chose ! Le succès d'un bon enquêteur est son aptitude à faire face à la vérité. Mentir est lâche. Pour résoudre ce mystère, il faut être honnête et ne pas modifier la vérité parce qu'elle dérange ! Alors ? What did you see* ? insista-t-elle.

— Ce n'est rien d'important, mais mon ami Danny est tombé

malade ce week-end, et il est dans une sorte de coma léger. Il a attrapé une espèce de grippe noire… mais cela n'a pas de rapport, dit-il.

— Grippe noire… grippe noire… oh wait* ! tu veux dire « Black Fiever* » ?

— Oui, c'est ça, vous connaissez ? lui demanda-t-il d'un ton réjoui.

— Yes, j'ai lu quelque chose comme ça, mais ça date d'avant 1940… Je crois que c'était en 1920, or so*... Zut ! C'est l'heure. Come and see me tomorrow* même heure.

— Yes ! Avec plaisir et merci, Madame Miller !

— My pleasure sweetheart !

* J'ai quelque chose pour toi
* Chaque jour.
* La fermeture.
* Donc... nous avons une heure
* Que savons-nous ?
* Un événement ne vient jamais seul.
* Pense encore !
* Qu'as-tu vu ?
* Attends !
* Fièvre noire ?
* Environ.
* Viens me voir demain.

Chapitre 7

Le livre

CHAPITRE SEPT
- Le livre -

— Salut mon grand, je vais faire à manger, tu veux quelque chose où tu pars tout de suite ? demanda John Dayton, shérif de la ville, à son fils.

— Non, je vais rester... Que vas-tu préparer ?

— J'ai acheté des lasagnes faites maison, ça t'intéresse ?

— Oh oui, papa, bien sûr !

Puis père et fils se mirent à table, accompagnés d'une bière, en attendant que se fasse la cuisson des lasagnes.

— Quelles sont les nouvelles de la ville, papa ?

— Comme d'habitude, tu sais, rien de vraiment surprenant... mis à part, bien sûr la disparition des jumeaux.

— Oui, c'est vraiment flippant cette histoire, qu'est-ce que c'est bizarre... Les deux disparaissent devant les yeux de leurs copines et elles sont incapables de l'expliquer. Vous ne les suspectez pas, n'est-ce pas ?

— Non, bien sûr que non. Mais c'est vrai que c'est très étrange...

— Est-ce que vous avez des indices ou une explication ? demanda Alex.

— Non, nous sommes vraiment largués... C'est un mystère, mais nous n'allons pas cesser tant que nous ne les aurons pas retrouvés. D'ailleurs, un comité a été créé pour faire des recherches... Cela a été mis au point par la famille et les voisins des jumeaux.

— Excellent ! Je verrai pour aller aider aussi.

— Papa, est-ce qu'il y a eu quelque chose d'inhabituel avant leur disparition ? demanda Alex avec précaution afin de ne pas éveiller de soupçons.

— D'inhabituel ? Comme quoi ?

—Je ne sais pas... Mon copain Tommy dit souvent qu'un événement ne vient jamais seul.

— Non, rien d'inhabituel, sauf... dit le père, avant de se taire, pensif comme s'il avait mis le doigt sur quelque chose...

— ... Sauf... Sauf quoi ? demanda Alex, intrigué.

— Sauf pour le vol d'un objet à l'église...

— Un vol à l'église ? En voyant comment tu dis cela, on dirait que les deux incidents pourraient avoir un lien.

Alex vit alors que son père avait décroché et qu'il était pris dans ses pensées.

— Papa, tu penses qu'il y a un rapport ?

Le père se leva d'un coup sec comme s'il avait une urgence à traiter.

— Navré, Alex, je viens de me rappeler que j'ai quelque chose d'urgent à finir au boulot. Je dois filer... Navré, tu vas devoir manger tout seul, dit-il en prenant sa veste et son chapeau.

Mais quelle relation y aurait-il entre le livre que Danny a pris et la disparition de Jake et Tobby ? Ce serait absurde ! se dit Alex... *Il faut que je voie ça de plus près !*

Le lendemain matin, alors que tous les élèves étaient en cours, l'alarme incendie retentit dans les couloirs de l'école. Les professeurs demandèrent aux étudiants de sortir dans le couloir calmement. Un enseignant se trouvant au milieu de celui-ci enjoignit tout le monde à se diriger vers la grande salle de sport :

— Allez vers la salle polyvalente, s'il vous plaît ! Vers la salle polyvalente ! Dans le calme !

— Tu sais ce qui se passe ? Demanda Lily à Mélanie.

— Non, aucune idée. Peut-être qu'ils ont trouvé le coupable ou pire : les jumeaux…

— Hey, salut les filles, vous savez ce qui se passe ? demandèrent le Relou et son frère Mike.

— Non, répondit Mélanie, on en parlait avec Lily justement et nous nous demandions ce qu'il pouvait bien se passer.

Et tout comme les centaines d'autres étudiants se posant des questions, ils se dirigèrent vers la grande salle polyvalente où les professeurs les rejoignirent au bout d'une trentaine de minutes d'attente.

— Chers élèves, merci d'avoir gardé votre calme et d'avoir été patients ! Veuillez à présent accueillir notre directeur, M. Hellport, annonça Mme Spinger, la Doyenne de l'école.

Alors que la salle résonnait d'un bourdonnement général, M. Hellport, accompagné du shérif, arriva sur scène. À ce moment précis, toute la salle fut plongée dans le silence le plus total.

— Chers élèves, à peine notre établissement a-t-il été frappé par de tristes événements que nous sommes de nouveau victimes de nouvelles plus tristes encore. Nous avons malheureusement appris la disparition de Freddy et Jimmy Post, qui ne sont pas rentrés chez eux la nuit dernière. Les parents ont averti la police et des recherches ont été organisées afin de les retrouver dans les plus brefs délais. L'école et les forces de l'ordre collaborent fermement et étroitement dans ce but. Si vous avez des informations qui pourraient aider les recherches, veuillez s'il vous plaît les communiquer à votre professeur. Maintenant, je vous prie d'accueillir M. Dayton, shérif de notre ville.

— Hum, hum ! fit le shérif pour s'éclaircir la gorge... Bonjour, chers élèves. Nous avons, avec M. Hellport, décidé de prendre quelques mesures de sécurité, en attendant que toute cette affaire soit résolue. D'abord, vous ne devez pas vous déplacer seuls dans l'enceinte du collège et encore moins à l'extérieur. Nous allons aussi contenir les récréations à l'intérieur des murs. La sécurité va être doublée et il y aura constamment un policier de garde, jour et nuit. En outre, un tour de garde sera effectué par les professeurs qui feront des rondes dans les couloirs afin d'assurer un maximum de sécurité dans le périmètre...

— C'est pas vrai ! dit Lily, ce sont encore des jumeaux !!

— Mais tu as entièrement raison ! dit Eithan. Tu penses que le coupable s'attaque aux jumeaux uniquement ?

— Je ne sais pas, mais si c'est le cas, ce n'est pas bon...

À la fin de la communication du shérif, Lily leva la main :

— Monsieur Dayton !

— Oui ? répondit le shérif.

— Est-ce que le coupable ne s'attaque qu'à des jumeaux ? Ou bien y a-t-il eu d'autres disparitions ?

M. Dayton se tourna vers M. Hellport et lui lança un regard qui manifestait un certain inconfort de sa part. M. Hellport acquiesça de la tête en signe d'approbation.

— Bien que nous ne soyons pas à cent pour cent sûrs qu'il ne s'attaque qu'à des jumeaux, il est pour l'instant évident que les victimes sont des jumeaux. Donc, raison de plus pour être vigilants.

— Monsieur le shérif, est-ce que ces disparitions ne se cantonnent qu'à l'école ou elles ont eu lieu ailleurs ? demanda Mélanie.

À ce moment-là, le directeur reprit la parole :

— Merci, chers étudiants, je suis certain que vous avez beaucoup de questions sans réponses, mais nous n'allons pas faire perdre plus de temps à M. Dayton dont la priorité est de retrouver les disparus au plus vite. Merci de votre attention, suivez les indications qui vous ont été données et soyez vigilants ! Vous pouvez retourner en cours... Et pour répondre à cette question, soyez sur vos gardes dedans et en dehors de l'école.

— Eithan, Lily, Mélanie, il faut qu'on se voie au plus vite, j'ai peut-être un filon. Qui a pris le livre qu'a trouvé ton frère, Lily ? demanda Alex avec une certaine impatience qui inquiéta ses amis.

— Alb l'a pris. Pourquoi ? interrogea Lily.

— Je t'expliquerai plus tard... Retrouvons-nous à la pause de midi et faites passer le mot aux autres, décida Alex qui partit rapidement, disparaissant entre les étudiants.

À l'heure de la pause, toute la bande était réunie, à l'exception de Danny, qui était toujours alité.

— OK. Écoutez-moi : ce que je vais vous dire va vous paraître aussi fou à vous qu'à moi. Et je veux que nous gardions tous une certaine ouverture d'esprit, d'accord ? commença Alex. Il y a un point commun entre les deux disparitions, dit-il, ce qui intrigua toute la bande, qui ne disait plus un mot et écoutait attentivement. C'est le fait qu'à chaque fois, ce sont des frères jumeaux qui disparaissent. Et je ne pense pas que ce soit un hasard ! Vrai ou faux ?

— Vrai ! Acquiescèrent les amis.

— Oui, mais, Alex… Tu ne penses pas vraiment que ce soit le modèle d'un tueur en série ou quelque chose comme ça, non ? demanda l'un d'entre eux.

— Écoutez… Hier je discutais avec mon père et il en est ressorti qu'avant la première disparition, la seule chose étrange était un vol à l'église. Quand mon père me l'a mentionné, on aurait dit qu'il venait de réaliser quelque chose, comme si ces deux affaires avaient un lien.

— Mais comment ces deux affaires pourraient-elles être liées ? demanda Mike.

— Je ne sais pas, mais peut-être que le livre que Danny a volé serait la réponse. Albert, est-ce que tu l'as ?

— Oui, Alex, comme tu me l'as demandé.

— Très bien, donne-le-moi… Merci ! As-tu découvert quoi que ce soit dedans ?

— Non, désolé, c'est écrit dans une langue que je ne comprends pas. Ce sont plutôt des symboles, je ne sais pas de quelle langue il peut s'agir…

Alex l'ouvrit et remarqua quelque chose d'étrange :

— Tiens, on dirait qu'il manque deux pages ! Tu les as vues ?

— Non, mais j'avais aussi remarqué la même chose et il y a plus étrange encore, les pages ne tournent pas, on dirait qu'elles sont collées, dit Albert.

— Mais tu as raison !

Toute la bande s'approcha alors du livre pour le voir de plus près.

— C'est quoi ce truc ?!?, s'interrogea Alex.

— Et la couverture ? Regardez, on dirait du cuir. Bizarre, non ? fit remarquer Steve.

— Non, ce n'est pas du cuir, dit le Chelou, et alors que tout le monde tournait la tête vers lui, d'un air presque théâtral, il affirma : « C'est de la peau humaine !! ».

Cette déclaration dégoûta tout le monde.

— De la peau de quoi ?? dit l'un.

— Comment ça, humaine ? Tu en es sûr ? dit Alex.

— Oh oui, j'en suis même certain. Et j'ai comme l'impression que nous sommes face à un livre de magie occulte.

— Quoi ? De magie occulte ? Mais la magie n'existe pas ! affirma William.

— Pas dans le monde de tous les jours, mais il y a bien des choses que nous ne connaissons pas, qui nous dépassent, et qui ont lieu dans la vie de tous les jours. Je me suis longuement intéressé aux sciences occultes et il y a maints récits et histoires qui laissent sous-entendre qu'il existe bel et bien un monde de magie, certes très fermé et protégé, qui se divise en magie blanche et magie noire – dite aussi magie occulte. Et je pense que ce livre en est un de magie noire.

— OK, le Chelou... Supposons que pour une fois tu n'es pas si chelou et que tu aies raison. Peux-tu me dire alors pourquoi il serait dans une église ? demanda le Geek.

— Parce que c'est un endroit consacré, ce qui réduit l'intensité de la magie noire ou blanche, répondit-il.

— Consa-quoi ?? demande un autre de la bande.

— Con-sa-cré, répéta-t-il en articulant.

— Attends ! Ce n'est pas du verlan par hasard, genre « sacré-con » ? demanda le Relou en étant le seul à en rigoler.

— Non, Steve, ce n'est pas du verlan. « Consacré » veut dire que la terre ou le sol a reçu un sceau divin qui le protège de toute présence non divine, comme la magie, expliqua-t-il.

— Tu veux dire que cette armoire contiendrait des livres magiques ? dit Mélanie.

— Je ne sais pas... Peut-être que oui... En tout cas, il y a de bonnes chances. Et peut-être aussi des artéfacts...

— Des artéfacts ? Carrément ? demanda un autre avec surprise.

— Et le Père Mathieus, quel serait son rôle dans tout cela ? Après tout, c'est son église, non ? Serait-il une sorte de gardien ? supputa Lily.

— Oui, Lily, il y a des chances que ce soit le cas.

— Oh !! s'exclama Albert, ceci pourrait expliquer pourquoi Danny a entendu des voix venant de l'armoire quand nous étions petits.

— Bon... OK, les amis, je crois que là, nous sommes en train de perdre le contact avec la réalité. C'est un peu trop gros, vous ne trouvez pas ? déclara Steve le Relou.

— Peut-être... mais... et si ? Et si c'était vrai ? Et s'il y a vraiment quelque chose qui est à l'œuvre et qui dépasse l'entendement ? Ces disparitions sont vraiment étranges, non ? répliqua le chef.

— Oui, peut-être que nous sommes en mode bataille contre les forces du mal… Et si c'est le cas, ne devrions-nous pas avertir le Père Mathieus ? dit le Geek.

— On le fera, mais d'abord, il faudrait essayer de trouver ces deux pages manquantes et essayer de comprendre ce qui se passe. Si nous sommes vraiment face à de la magie noire, nous aurons d'autres évidences !

Raisonnement sur lequel tout le monde fut d'accord.

— Mike et Steve, est-ce que vous pourriez aller du côté de l'église voir si vous apercevez les pages ? demanda le Chef.

Proposition qu'ils acceptèrent tous les deux.

— Le Chelou, tu as avancé dans tes recherches ?

— Oui, mais pas assez. Je vais y retourner incessamment sous peu, répondit-il.

— Bien, j'aimerais que tu prennes les filles avec toi, tu peux faire ça ? lui demanda Alex.

— Oui, bien sûr. Je vais faire en sorte que Mme Miller nous laisse plus de temps. C'est une bonne idée !

— Moi je ne peux pas, car je suis collée cet après-midi et d'ailleurs le Geek sera avec moi, rappela Mélanie.

— Moi je peux venir, dit Kareen, dite « la Discrète ».

— Super ! Eithan et moi irons inspecter là où nous avions notre feu de camp. Est-ce que quelqu'un se rappelle ce qu'avait dit Danny lorsqu'il s'est évanoui ? demanda Alex.

— Non… C'était des bribes de quelques mots mais c'était incompréhensible, se souvint Albert.

— OK. Y a-t-il des questions ? Non ? Très bien, alors nous savons tous quoi faire, mettons-nous au travail !

Puis, chacun partit de son côté.

Chapitre 8

Ouvrez les yeux

CHAPITRE HUIT

- Ouvrez les yeux -

Mélanie et le Geek se dirigèrent vers la salle où avaient lieu les colles du mercredi après-midi.

— Bonjour, M. Mouchopoulos ! clamèrent les deux complices.

— Bonjour ! répondit-il. Mélanie, j'ai été surpris de savoir que vous étiez collée, c'est vraiment rare de vous voir punie.

— Je sais, Monsieur. Mais j'ai compris la leçon et cela ne se reproduira plus, répondit-elle habilement.

— Oh, j'en suis sûr ! Et vous, Marc… Mais vous n'êtes pas sur la liste des collés ? Que faites-vous ici ?

— Je suis venu aider Mélanie, Monsieur, elle a besoin d'un coup de main pour un exposé et comme je lui dois un service, elle m'a demandé de l'aider pour la mise en page. De plus, c'est un travail de groupe. J'espère que cela ne vous dérange pas, Monsieur ? lui expliqua le Geek avec une certaine éloquence qui ne passa pas inaperçue aux yeux du professeur grec.

— Non, certainement pas, faites… Asseyez-vous où vous le souhaitez.

Les deux amis s'installèrent au fond de la classe afin de ne pas se faire griller dans leurs démarches.

— Vous allez au fond !? remarqua le professeur.

— Oui, Monsieur, nous devons discuter et ne souhaitons pas distraire les autres élèves, répondit Mélanie avec finesse.

— Très consciencieux de votre part, Mélanie, très consciencieux…

Les deux étudiants prirent place. Marc sortit son Léviathan qu'il mit en marche et Mélanie, de son côté, des livres d'histoire qu'elle ouvrit et elle fit semblant de travailler sur l'exposé, discutant de temps à autre avec Marc afin que le professeur ne les soupçonne pas.

— C'était en 1432, Marc, c'est écrit ici... Vlad Basarab III, dit Tepes, – « l'Empaleur » en roumain –, lut Mélanie.

— Attends, je prends note... « l'Empaleur », répondit-il en simulant un intérêt limité.

Après une heure de travail, Marc poussa un cri : « YES !! J'Y SUIS !! », ce qui eut pour effet d'interrompre toute la classe, y compris le professeur.

— Que se passe-t-il, Marc ? Y a-t-il quelque chose que vous souhaitez nous communiquer ?

— Euh, pardon, Monsieur, non, non, répondit-il, gêné.

— Très bien ! Alors, qu'avez-vous découvert ? demanda-t-il.

Pendant ce temps, Mélanie écrivit sur un bout de feuille le mot « Vampire ».

— Vampire, Monsieur.

— Quoi, vampire ?

Puis Mélanie écrivit : « L'Empaleur » est Dracula.

— « L'Empaleur » est Dracula, Monsieur.

— Ah ! Vous faites un exposé en histoire ? demanda le professeur, intrigué.

— Oui, Monsieur, c'est exact.

— Excellent choix ! Vlad III Basarab dit Tepes. Il a utilisé la peur comme arme, en plantant des graines dans l'esprit de ses ennemis, en blasphémant contre les morts et cela a donné naissance au mythe de Dracula. Excellent choix, vraiment ! Mais je ne vous en dirai pas plus, c'est à vous de le trouver ! conclut M. Mouchopoulos, satisfait de ses quelques paroles.

— Merci Monsieur !

Puis il se tourna vers sa complice en chuchotant :

— Mél, c'est bon, je suis co (connecté). J'ai accès aux vidéos…

— Montre ! Montre ! lui dit-elle, remplie d'enthousiasme.

— Attends… Voilà les vidéos de la piscine… Je regarde la nuit en question…

Puis ils commencèrent à regarder les vidéos.

— Bon… toujours rien…

— Va directement au milieu, dit Mélanie.

— Les filles sont seules… Attends, je reviens en arrière… Ah ! Les voilà qui arrivent dans le bassin… Ils sautent dans l'eau… Ils jouent…

Puis, tout à coup, apparut une ombre venant des vestiaires, qui s'immisça dans l'eau. L'ombre ressemblait à de la brume noire ou de la fumée épaisse. C'était flou et bien qu'on ne pût distinguer une silhouette précise, on devinait une sorte de forme humaine éthérée qui se déplaçait dans l'eau, comme si cette dernière ne la freinait pas. Puis d'un coup sec et brutal, elle tira les garçons vers le fond de la piscine avec violence sans qu'ils eussent pu y faire quelque chose, et ensuite elle repartit là d'où elle était venue.

Marc et Mélanie restèrent bouche bée, sans mot dire. Ils n'arrivaient pas à lever leurs yeux de l'écran... Et c'est alors qu'ils virent la forme noire frapper par surprise la caméra de surveillance. À ce moment précis, ils purent distinguer une sorte de visage humain déformé et en même temps, l'ordinateur se ferma tout seul et gicla comme s'il avait été lancé par une force invisible. Les deux amis poussèrent un cri et leurs visages devinrent blancs, pétrifiés par ce qu'ils venaient de voir.

— Ah ! J'en connais deux qui doivent être en train de regarder des représentations de Dracula, dit le professeur en souriant.

— C'est... c'est... c'est ç... exactement ça... Monsieur ! répondit Mélanie.

— Ne vous inquiétez pas, l'histoire est moins violente qu'on nous le fait croire, mais ce n'est pas une raison pour lancer votre ordinateur, Marc !

— C'est... c'est... c'est ç... exactement ça... Monsieur ! répondit Marc. Je vais aller... le... le chercher...

Il se leva alors, s'approcha de Léviathan et, avec une grande hésitation, se baissa et le ramassa... avec précaution.

— Bon, je vous libère, je dois partir un peu plus tôt. Aujourd'hui, c'est mon anniversaire de mariage et je veux passer acheter un cadeau à Madame... Amenez-moi vos carnets que je signe comme quoi vous étiez présents.

Les deux amis quittèrent la salle, toujours sous l'emprise de ce qu'ils venaient de voir et sans échanger un seul mot ni un seul regard pendant un moment.

Puis Mélanie suggéra :

— Je pense qu'on devrait rentrer tous les deux à la maison et ne plus penser à ce qui vient de se produire.

— Je suis d'accord... Voyons demain ce qu'on fera de tout cela, dit le Geek.

Enfin, le regard flou, ils se séparèrent sans rien dire de plus...

Pendant ce temps, Tommy (le Chelou), Lily et Kareen, arrivèrent à la bibliothèque municipale et se précipitèrent vers le bureau de l'archiviste.

— Bonjour, Mme Miller, nous avons vraiment besoin de votre aide et cela ne peut pas attendre, lui dit Tommy comme s'il était poursuivi par la mort elle-même.

— Mais que se passe-t-il, Mr. Tommy ? You are worrying me*!

— Madame, nous avons besoin d'avoir accès aux archives de la ville, nous craignons qu'une catastrophe ne se produise ! répondit Lily.

— Une catastrophe ? Really ? That bad ? s'inquiéta Mme Miller.

— Oui... De plus, deux autres élèves ont disparu et il se peut que nous ayons une piste, expliqua le Chelou.

— OK, OK... Follow me !

Puis ils se dirigèrent tous les quatre vers la salle réservée au personnel.

— Je ne peux pas venir avec vous, mais si quelqu'un se présente, dites-lui que vous devez faire des travaux communautaires d'intérêt général et que c'est moi qui vous ai confié cette tâche. Alright ?

— Yes, Madame Miller ! répondirent les trois complices à l'unisson.

Une fois Mme Miller partie, les recherches commencèrent.

— Que devrions-nous chercher ? demanda Lily.

— Je ne suis pas sûr... Tout ce qui a directement à voir avec la magie, les démons, l'apocalypse, les disparitions, etc. Soyons larges sur les critères, il ne faut pas trop réduire les filtres, intima le Chelou. Je propose que toi, Lily, tu recherches dans les index qui se trouvent là-bas. Ils n'ont pas encore été scannés mais ils contiennent l'index des articles.

— OK, je fais ça ! répondit Lily qui se mit immédiatement au travail.

— Et moi, Tommy ? demanda Kareen.

— Toi, tu vas regarder les microfiches. Viens, suis-moi...

Ils se dirigèrent alors vers une section de la salle où se trouvaient des casiers en métal.

— Ici, tu as des microfiches. Ce sont des espèces de mini-négatifs condensés, comme des pellicules d'anciennes photos. Tu dois les mettre sur cette machine qu'on appelle une visionneuse. Elle agrandit l'image afin de facilement l'examiner et tu passes tout en revue, OK ?

— Oui, ça marche... Et si je trouve quelque chose qui pourrait avoir un intérêt de près ou de loin, je te le fais savoir ?

— Exactement. Moi je suis à l'autre bout de la pièce. Je parcours les archives scannées et informatisées. Bonne chasse !

Puis il repartit.

Tous les trois passèrent plusieurs heures en recherches infructueuses. Ils trouvèrent des informations intéressantes et des articles sur des sujets divers, mais rien qui ne se rapprochât de ce qu'ils recherchaient. Tommy réunit les filles afin de faire le point sur l'avancée des investigations.

— Bon, les filles, voyons ce qu'on a... Lily ?

— Arf... Pas grand-chose. J'ai découvert plein de trucs, mais rien d'intéressant, malheureusement !

— Et toi, Kareen ?

— Pas grand-chose non plus. Beaucoup d'informations au sujet de la politique et diverses théories du complot, mais rien de concluant.

— Bon… moi non-plus… presque rien.

— Il faut peut-être que l'on change de stratégie, proposa Kareen.

— Oui, tu as raison ! Que savons-nous exactement, demanda Lily.

— Nous savons qu'il y a possiblement de la magie, répondit Kareen.

— Oui, et nous savons aussi qu'il y a des disparitions, ajouta Lily.

— Oh ! Et nous savons de plus qu'il y a quelque chose au sujet d'une « fièvre noire » dont le dernier cas remonte à environ quatre-vingts ou cent ans, dit Tommy. Comment fais-tu tes recherches dans les index, Lily ?

— Je remonte du plus récent au plus ancien, pourquoi ?

— Parce que, à mon avis, nous ne remontons pas assez loin, répondit Tommy.

— Devrais-je reprendre en partant du plus ancien vers le plus récent ?

— Oui ! Jusqu'où remonte-il ?

— Attends, je vais voir… 1760 !! Purée, c'est vieux !

— Oui, en effet, c'est vieux !

À cet instant, Mme Miller entra dans la pièce.

— Alors, inspectors ? Comment avance the case* ?

— Pas trop bien… Et il se peut que nous ayons besoin de votre expérience d'archiviste, dit Tommy.

— Bien sûr ! Que cherchez-vous ? Eh… Tommy… Ne me

mens pas ! dit-elle en le fixant dans les yeux avec autorité, ce qui lui fit détourner le regard... Tommy ?

— OK, mais ne nous prenez pas pour des fous ! lui dit-il, mal à l'aise

— You got my word* ! répondit-elle en levant sa main droite en signe d'honneur.

— Très bien… Nous pensons que ces disparitions sont dues à…

Il fit alors une pause et tourna la tête vers Lily et Kareen.

— À… ? À quoi pensez-vous que sont liées les disparitions ? demanda Mme Miller.

— À… À… bafouilla Tommy qui n'arrivait pas à répondre.

— À de la magie, répondit subitement Kareen.

— Magic ?? Really ?? dit-elle, regardant le plafond en se caressant le menton... Je me demande si… reprit-elle d'un air interrogatif.

— Vous n'êtes pas choquée ? demanda Tommy.

— Curieusement… non !

— Qu'alliez-vous dire juste avant, Madame ?

— Je ne suis pas surprise et je me demande si cela n'aurait pas à voir avec un vieux journal manuscrit que le Père Mathieus m'a demandé hier après-midi.

— Quoi ? Un manuscrit ? Le Père Mathieus ? s'exclamèrent les trois jeunes.

— Oui and lucky you, j'en ai gardé une copie que je n'ai pas encore indexée dans le système, répondit-elle avec un air de satisfaction et de fierté. Venez, suivez-moi...

Ils se dirigèrent tous les quatre vers l'une des stations informatiques, afin de se loguer sur le compte de l'archiviste.

— Le voici ! Le Journal de Peter McCarty, datant de 1919, que j'ai cru être une œuvre de fiction mais qu'à présent je pense être un journal. Lisons !

Chapitre 9

Le Manuscrit

CHAPITRE NEUF

- Le manuscrit -

Le journal date de 1919 et la première page mentionne "Journal de Peter McCarty". Nous sommes le vendredi 3 octobre 1919 et notre paisible ville de Pleine-Lune est frappée par des évènements très étranges depuis plusieurs semaines, notamment des disparitions de jeunes gens. D'abord il y a eu les frères Bale, puis les Ford et juste ce week-end, les Jerry. De par ma nature et de par les traditions celtes dont ma famille est depuis des siècles la gardienne, nous, les McCarty, devons étudier, comprendre et documenter les traditions de nos ancêtres, afin qu'elles puissent être perpétuées dans le temps. Et c'est avec ce point de vue que je me suis intéressé à l'histoire et aux coutumes de notre paisible ville de Pleine-Lune, laquelle, dans les faits, n'est pas aussi paisible qu'on le croirait, car elle cache sous son voile des secrets qui feraient pâlir n'importe lequel de nos anciens druides. Il y a quelques années, je me suis penché sur les histoires incroyables, voire taboues, de notre soi-disant charmante ville, ce qui n'a pas plu à tout le monde et nous a valu, à moi et à ma famille, une réputation de parias. Mais la quête de la connaissance est une route très dure et seuls ceux qui en ont vraiment soif y parviennent. D'après les dires de mon père, Pleine-Lune a toujours regardé d'un mauvais œil les immigrés ou les nouveaux arrivants et il paraîtrait même que des navires en provenance d'autres continents ont été frappés de plein fouet par d'étranges tempêtes, alors qu'ils se rapprochaient de la côte, les dirigeant contre les récifs et causant ainsi le naufrage des bateaux et de leur équipage. Une grande majorité de ces bateaux venaient d'Europe et plus précisément d'Irlande. En poussant mes recherches, je suis arrivé à la conclusion que cela remonte à plusieurs milliers d'années, et d'après ma théorie, et aussi incroyable que cela puisse paraître, cela concerne des esprits celtes puissants et des démons. Je sais, cela semble fou et je crois qu'il existe deux versions à ceci. La première est que trois esprits très puissants, voire des dieux, habitaient sur cette planète. Au début, ils étaient en Orient, mais par manque d'entente, ils se sont réparti le monde. Le plus sage est resté en Orient, car la route de la sagesse et de la pureté était absente de distraction et de matériel. Ce premier dieu, et le plus sage des trois, choisit la pauvreté et se retira du monde dans les montagnes de l'Himalaya. Les deux autres partirent pour l'Occident afin de trouver l'harmonie avec les peuples cultivés et l'univers matériel. Le fruit de leurs actions donna la culture celte et aida l'homme à évoluer et à vivre en harmonie avec ses prochains et leur environnement. Mais l'un d'eux, avide de pouvoir et souffrant d'une force inférieure, réussit à retourner le peuple contre son grand frère afin de le piéger et le réduire au silence. Puis il fit sombrer l'Occident dans l'âge des ténèbres, non seulement les guerres et la famine, mais aussi les ténèbres intellectuelles, ce qui produisit la naissance des religions opprimantes et du Moyen Âge. Grâce à l'enseignement que son frère aîné avait transmis à un peuple composé de personnes très sages, bienveillantes et fidèles, un rituel fut créé pour chasser ce mauvais dieu, surnommé SayTaN, qui veut dire "accusateur, ennemi, traître". Ce rituel piégea Saytan dans un corps décédé qui fut mis dans une barque et jeté dans l'océan afin de couler et disparaître dans les abysses. Et c'est ainsi qu'il fut définitivement banni du continent. Ce rituel est aujourd'hui connu sous le nom de Halloween.

Mais comme tout dieu, il ne peut être que réduit au silence et le destin fit que son embarcation traversa l'océan afin d'échouer sur la rive de Plein-Lune. La découverte de son corps décomposé donna naissance à la peste noire, qui décima la plus grande partie de la population. Celle qui découvrit le corps était une institutrice, enseignant dans la vieille église qui avait fonction aussi d'école et qui surplombait la mer. Cette dernière fut accusée de sorcellerie et brûlée vive sur le bûcher. Comme elle clamait son innocence malgré les soi-disant "évidences", elle fut brûlée avec ses enfants, deux jeunes jumeaux. Il est dit qu'elle a maudit le village et qu'elle se vengerait en enlevant tous les jumeaux des familles présentes.

Mais je ne suis pas convaincu de cette théorie. Une autre version plus plausible et rationnelle est qu'elle pratiquait la médecine et qu'après avoir guéri un blessé, elle fut accusée à tort de sorcellerie et brûlée avec ses enfants, et qu'à sa mort, tout le village a été frappé par la peste noire. Dans tous les cas, j'ai réussi à isoler le fait que, d'une part, une femme avec deux jumeaux a été considérée comme étant une sorcière et brûlée vive avec ses enfants ; que, d'autre part, elle a maudit les villageois ; et enfin, qu'une étrange embarcation est arrivée sur la côte avec un cadavre ayant développé la peste noire, événement qui a fait que les habitants de cette ville ont porté, par instinct, un mauvais regard sur les Irlandais... Et d'après mes parents, c'est pour cela que nous avons changé notre nom de McCarty en Carter. Mais je ne suis pas comme eux. Je ne renie pas mes origines ! »

— Tommy ? C'est un Carter ! Il est l'un de tes aïeuls ? demanda Lily, surprise.

— Mon père m'a dit que mon grand-père avait eu un grand frère fou qui avait été enfermé pour démence aggravée. Mais je n'en savais rien, répondit Tommy d'un ton un peu triste. J'aurais bien voulu lui parler... Je suis sûr qu'il était le plus sain d'esprit de nous tous, ajouta-t-il.

— Oui, et nous voyons à présent de qui tu tires ton côté Chelou ! dit Kareen en souriant.

— Oh que oui ! Mais continuons la lecture... répondit-il.

« Jeudi, 16 septembre 1919. Une autre disparition de jumeaux vient de se produire. À présent, je sais que de la magie noire est à l'œuvre. J'ai découvert plusieurs cas de fièvre noire, dont le premier remonte au mardi 9 septembre : le corps d'une femme a été retrouvé sans vie au bord de la plage, comme rejeté par la mer. Je suis sûr que c'est l'œuvre de "La Sorcière". – comme ils l'appellent. J'ai réussi à connaître le nom de l'enseignante brûlée vive avec ses enfants : Zyla Ryss. Je trouve aussi intéressant que l'apparition du corps en décomposition ait eu lieu le 9 septembre 1919, soit 9-9-19, ce qui forme trois chiffres 9, soit 666 à l'envers. Je pense que ce doit être la date anniversaire de la mort de la sorcière Zyla, que je n'ai pas été capable de retracer avec exactitude. Pour ce qui est du chiffre 6, je l'ai tracé aux trois dieux, leur symbologie serait 669 ou 996 en représentation du fait que l'un des trois s'est retourné contre le principe des deux autres. Et à mon avis, nous avons jusqu'à la soirée d'Halloween pour l'arrêter une fois pour toutes. Plusieurs témoignages historiques et chansons folkloriques me portent à croire que tous les cent ans, Zyla revient pour se venger. Il ne me reste que quelques semaines pour mettre au point un rituel et l'arrêter. J'espère pouvoir accomplir ma mission à temps ! »

— Oh non ! Les pages sont illisibles… constata Mme Miller.

— Oui... On dirait qu'elles ont été mouillées et que l'encre a coulé, dit Kareen.

— Voyons plus loin s'il y a autre chose, décida Tommy en faisant défiler les pages sur l'écran.

Plusieurs pages plus loin, on distinguait du texte sur quelques lignes…

« …Cela n'a pas marché…………J'ai pu prendre……………… mais non….. Pourq………… consac…………… sprit…… dans d….pages…. c'est le seul…… piéger dans le liv…. »

— On dirait qu'il a fait une première tentative qui n'a pas fonctionné et qu'il a trouvé un autre moyen en relation avec un livre, dit Mme Miller.

— LE livre !! THE livre que Danny a trouvé !!, ajouta Tommy… Continuons la lecture...

« ... c'était le seul moyen……. …………… mais…………….. enfan……. par page…….. avant minuit……………… réunir le .ivre……….. et 'l… ..ges…….. sa.g…. d…… mèr……… jum…… parf…….. plant………….. os de…… ère…… »

C'était le seul moyen… mais… 1 enfant par page avant minuit réunir le livre et les pages avec le sang d'une mère de jumeaux parfaits, planter les pages avec un os de la mère.

— Qu'est-ce que ça veut dire ? demanda Lily.

— Ça parle « d'enfant, page, minuit, ivre, âges, sage, mère, plante, os et ère », dit Mme Miller, mais cela ne fait pas trop de sens, j'avoue.

— Bon, bien que nous ayons progressé, j'ai l'impression que nous nous en sommes éloignés davantage… Je ne vois pas ce que ça veut dire, déplora Tommy.

— Tommy, est-ce que tu sais si ton grand-oncle est toujours en vie ? demanda Kareen.

— Non, je ne pense pas. Ma tante m'a dit qu'il avait été retrouvé pendu dans sa chambre de l'asile.

— Peut-être que nous devrions aller voir cet asile… Peut-être que nous y trouverons une piste, suggéra Lily.

— Good idea, allez-y ! acquiesça Mme Miller, les encourageant à enquêter davantage.

— OK, allons-y !

* L'enquête.
* Tu as ma parole.

Chapitre 10

L'Indien

CHAPITRE DIX

- L'Indien -

L'asile se trouvait aux abords de Plein-lune, proche de la grande forêt. C'était un lieu peu populaire et macabre dont on pouvait percevoir la sombre aura depuis des kilomètres, comme si un voile sombre entourait ce lieu. Les trois amis s'y rendirent en bus qui les déposa juste à l'entrée dudit lieu.

Des murs de trois mètres de haut en pierre entouraient la propriété et deux grandes portes en métal forgé en bloquaient l'accès.

— Que voulez-vous ? demanda un garde en uniforme beige clair.

— Bonjour Monsieur ! Nous souhaitons des renseignements au sujet d'un parent qui était autrefois interné ici, expliqua Tommy.

— Très bien, le temps de visite est d'une heure. Allez-y, dit le gardien.

— Purée, cet endroit me fout la chair de poule ! avoua Lily.

Et elle avait entièrement raison. Il y avait un long chemin jusqu'au bâtiment principal, et de chaque côté, poussait de l'herbe et s'élevaient des arbres qui longeaient la route. Au loin, on apercevait un plus petit bâtiment blanc dont la peinture extérieure tombait en morceaux. En s'approchant de l'édifice principal, on pouvait entendre des cris provenant de l'annexe…

— Mon Dieu ! Mais c'est un lieu de torture ici ! s'exclama Kareen.

Les voici à présent devant l'immense bâtisse, délavée et tombant en miettes, dont les fenêtres étaient toutes munies de barreaux. Après avoir monté quelques marches, ils en franchirent l'entrée et arrivèrent à la réception.

— Bon… bonjour, Madame, dit Tommy un peu angoissé.

— Bonjour. Que voulez-vous ? demanda une réceptionniste sur un ton agressif, habillée en infirmière et dont le nez était marqué par une verrue.

— Nous faisons un travail scolaire dont le sujet est l'histoire de sa famille, dit Tommy.

— Et ? répondit agressivement la réceptionniste.

— Et il se trouve qu'un de mes aïeuls a été interné ici.

— Et ?

— Bah, j'aurais souhaité en savoir un peu plus à son sujet, répondit-il.

— Navrée, jeune homme. Nous ne sommes pas la bibliothèque et vous n'êtes pas de la police. Et si votre aïeul était interné ici, c'est que soit il était fou, soit qu'il gênait… ou pire… les deux à la fois ! Donc au revoir ! affirma l'infirmière, rudement.

— Veuillez excuser mon ami Tommy, intervint Lily, il est un peu secoué de savoir qu'un de ses parents était fou à lier. Par contre, vous comprendrez, Madame, que nous devons faire ce travail de recherche et si nous ne pouvons pas le terminer, il va falloir que j'explique à mon père, qui est le shérif de la ville, pourquoi j'ai raté mon exposé et eu une mauvaise note. Et si vous ne le connaissez pas, c'est tant mieux… car il n'aime pas ce qu'il ne comprend pas, et je ne saurais comment lui expliquer que l'asile a refusé de répondre à quelques questions sans intérêt. Ce qui, le connaissant, ferait qu'il se déplace afin de comprendre pour quelle raison on refuse à trois jeunes étudiants de poser quelques questions. Et fouineur comme il est, il risque de s'intéresser à d'autres aspects de l'établissement qui sautent aux yeux, ou plutôt aux oreilles, comme les cris venant de l'annexe. Qu'en dites-vous, Madame ?

— Ah, bien sûr ! Je m'en voudrais de vous occasionner une mauvaise note pour votre exposé. Et il ne faut surtout pas causer des inquiétudes inutiles à votre papa... Quel était le nom de votre aïeul, jeune homme ? demanda la réceptionniste sur un ton mielleux.

— McCarty, Paul McCarty, Madame, dit Tommy.

— Laissez-moi regarder...

Puis elle se retourna afin de consulter des fichiers... Après quelques minutes, elle revint...

— Oui, j'ai ici sa fiche. Il est dit qu'il s'est pendu dans sa cellule... Voyons voir... Quoi d'autre... Il est décédé... Personne n'est venu aux funérailles... C'est tout. Rien d'autre !

— Peut-être qu'il partageait sa cellule avec quelqu'un ou qu'il avait un ami proche qui serait encore en vie... dit à voix basse Kareen à Lily.

— Est-ce qu'il partageait sa cellule, pardon, sa chambre ? demanda Lily.

— Attendez, je regarde... Non. Mais il y a une personne internée ici qui pourrait peut-être vous renseigner. C'est M. Ohinawa. On le surnomme l'Apache, à cause de ses racines. Il est ici depuis bien des années et il a dû connaître votre aïeul. Par contre, il n'est pas très bavard, donc je ne peux pas vous garantir qu'il vous parlera, mais c'est tout ce que je peux faire pour vous.

— Merci, Madame, je veux bien lui parler, accepta Tommy.

Un garde infirmier, qui tenait plus d'un videur que d'un aide-soignant, les conduisit jusqu'au jardin de derrière.

— C'est lui, dit ce dernier, en montrant un homme assis, seul, sur un banc, face au soleil.

Les trois amis s'approchèrent de l'Apache, gentiment.

— Bonjour, M. Ohinawa, dit Tommy.

Mais le vieil homme ne réagit pas.

— Je voudrais savoir si vous pourriez me renseigner au sujet d'un parent disparu...

Le vieil homme, dont la peau était marquée par le temps, les cheveux noirs et longs bougeant mystérieusement, maintenait ses yeux fermés. Il émanait de lui une aura exceptionnelle, que seul un homme ayant observé le temps et vécu sa vie, un homme plein de sagesse, pouvait dégager.

— Monsieur Ohinawa, mon grand-oncle vivait ici. Il s'appelait Peter McCarty.

L'homme ouvrit les yeux et sans bouger la tête, dit :

— Toi être descendant de Peter Ashaniwaa.

— McCarty, Peter McCarty, Monsieur, reprit Tommy.

— Moi avoir baptisé Peter Ashaniwaa. Vouloir dire Peter le courageux. Peter voir l'invisible, être grand esprit. Peter pas malade. Lui savoir. Savoir rendre dangereux. Peter être dangereux, poursuivit l'homme.

— Que savait-il ? demanda Tommy.

— Peter voir démon. Avoir combattu le mal. Peter vaincre le mal. Peter un héros de guerre sacrée, répondit le mystérieux personnage.

— Est-ce qu'il vous racontait ses histoires, son vécu ?

— Oui. Kani Ohinawa et Peter Ashaniwaa devenir frères de sang. Ashaniwaa raconter ses découvertes.

— Est-ce qu'il vous a raconté quelque chose au sujet d'un esprit maléfique ? demanda Tommy avide de réponses.

— Quel être ton nom ? dit l'Indien.

— Tommy Carter, Monsieur.

— Toi avoir marque sur épaule ?

Tommy se tourna vers les filles, son visage était devenu tout pâle. Les filles le regardaient, essayant de comprendre sa réaction.

— Comment le savez-vous ? questionna-t-il, sans quitter les filles des yeux.

— Ashaniwaa a prédit la venue de Ashaniwaanka, le nouveau courageux. Il a donné à Ohinawa message, répondit l'Indien au visage figé, continuant d'observer le soleil.

— Un message pour moi ? Vraiment ? Qu'est-ce que c'est ? demanda Tommy dont la curiosité était à son apogée.

— Mauvais esprit être esprit en douleur. Esprit malin avoir perdu deux esprits. Esprits piégés dans pages. Celui qui lit, libère esprits. Si esprits libres, toi libérer esprits. Trouver mère de Ashaniwaanka, trouver os d'enveloppe charnelle des deux esprits. Mettre pages dans livre et avec sang de mère de jumeaux sur os, planter pages, dit le vieil homme.

Les trois amis se regardèrent, car cela expliquait ce qui était écrit dans le journal de Peter.

— Les visites sont terminées, veuillez partir à présent, annonça l'infirmier musclé, poussant un fauteuil roulant dans lequel il assit le vieil homme.

— Attendez… Quand vous dites « mère de Ashaniwaanka », vous voulez dire « ma mère » ? demanda Tommy sans comprendre ce que le vieil homme disait.

— Ashaniwaa le dit. Toi avoir jumeau parfait sans marque. Toi le trouver.

Pendant ce temps l'infirmier attachait la ceinture de l'Indien…

— Je ne comprends pas… Est-ce que vous savez pourquoi mon grand-oncle s'est suicidé ?

— Lui être libre. Lui avoir rempli mission. Lui vouloir partir. Lui être libre.

— Et vous ? Vous êtes prisonnier ici ?

— Non. Asile pas être prison. Corps être prison. Moi esprit aigle. Moi libre.

— Bon, j'espère que vous ne croyez pas à toutes les sottises que dit ce vieux fou. Il est aussi timbré qu'une lettre recommandée, déclara l'aide-infirmier sur un ton moqueur tout en poussant le fauteuil de l'Apache. Allez, vieillard, c'est l'heure de tes médocs…

Les trois amis quittèrent les lieux et prirent le bus afin de rentrer chez eux.

— Attends, Tommy, tu crois tout ce qu'a dit le vieil homme ? Il est peut-être fou après tout, dit Lily.

— Oui, ça tient de la folie. Les chances que ce soit vrai sont minces et on pourrait se croire fou en considérant ces informations comme valides, mais s'il dit vrai, ma mère est peut-être en vie, répondit il.

— C'est vrai, mais en même temps tout est de la pure folie, tout ce qui arrive. Il y a quelques semaines, nous n'aurions jamais cru ça possible, et regarde-nous aujourd'hui, ajouta Kareen.

— Oui, mais ce qui sème le plus le doute dans mon esprit est ceci… Je porte la marque ! révéla-t-il, enlevant alors son pull, puis remontant son t-shirt… et dévoilant une marque de naissance sur son épaule.

— Waow ! dit Lily. Donc tu penses que peut-être ta mère vit toujours et il faudrait du sang de ta mère ? Mais pourquoi ?

— Pour être franc, je ne sais pas. Je sais que ma mère est morte peu après ma naissance mais je n'ai pas d'autres informations… répondit-il, pensif et le regard flou. Si c'est le cas, je dois la trouver. Je propose de partager les informations au sujet du Journal avec le reste de l'équipe. Peut-être que tous ensemble nous trouverons une solution.

— Excellente idée ! D'ailleurs, je pense que si elle est encore en vie, Marc pourrait nous aider à la retrouver, dit Lily tout en regardant ses deux copains.

— Oui, tu as raison, le Geek saurait nous dire où chercher. Peut-être qu'en infiltrant le système informatique des renseignements ou du service des habitants de l'État, il pourrait réussir.

Les trois amis se dirigèrent à nouveau vers la bibliothèque afin de mettre Mme Miller au courant de leurs découvertes et des informations obtenues. Cette dernière était prise dans l'intrigue et, pour la première fois depuis bien des années, elle sentit son côté Sherlock ressortir. Elle leur remit une copie du journal scanné sur une clé USB qu'elle leur donna en toute confiance.

— Here is the stick*, get rid of this bitch, I mean witch*!

Nos trois amis décidèrent alors de rencontrer le Geek qui devait être chez lui. Le Chelou savait où il habitait, car il leur arrivait de bosser ensemble de temps à autre sur des trucs, notamment sur la création d'un site internet que le Chelou avait créé sur les démons et autres phénomènes paranormaux. En arrivant, ils aperçurent une belle maison individuelle, entourée d'un magnifique jardin, le tout caché derrière de grandes haies.

— J'hallucine ! Il habite ici, Marc, demanda Lily, émerveillée par cette grande maison.

— Oui, c'est vrai qu'on ne peut pas dire qu'il vive dans la misère. D'ailleurs, c'est parce qu'il vient d'une famille aisée qu'il a toujours eu des gadgets et des ordinateurs qui coûteraient plusieurs mois de salaire à nos parents ! Venez, suivez-moi ! ordonna Tommy avant de se baisser pour prendre quelques cailloux et se glisser par un trou entre deux haies.

Les trois se dirigèrent vers la façade nord de la maison.

— Mettez-vous contre le mur, les filles !

Tommy lança un caillou dans une fenêtre, mais pas réponse... Puis un deuxième... sans réponse.

— Peut-être qu'il n'est pas là, dit Kareen.

Tommy lança alors son dernier caillou qui tapa contre la vitre et glissa sur la gouttière en faisant un grand boucan.

On entendit alors un bruit de fenêtre qui s'ouvrit au rez-de-chaussée et la tête de Marc, le Geek, apparut.

— Sérieux, Tommy, sérieux ! Genre... vraiment ?

— Ah, tu n'es pas dans ta chambre ? demanda Tommy, surpris.

— À ton avis ? Si j'étais dans ma chambre, tu penses que je te parlerais depuis cette fenêtre au rez-de-chaussée ?

— Euh, non, répondit-il bêtement.

— Purée, sérieux, on ne peut même pas poser une pêche tranquille chez soi ! dit-il, énervé.

— Salut Marc ! dirent les filles en s'éloignant du mur.

Marc baissa la tête et comprit qu'elles avaient bien vu qu'il était aux toilettes. Son visage rougit.

— Euh... sa... salut les filles... j'arrive... passez par-devant. Et Tommy, la prochaine fois, sonne comme tout le monde, à la porte ! T'es vraiment trop chelou, sérieux !

Une fois à l'intérieur, ils se dirigèrent vers la chambre de Marc.

— Soyez les bienvenus dans ma caverne d'Ali Baba, dit-il, avant d'ouvrir la porte de sa chambre et d'inviter ses amis à y entrer.

Sa piaule, comme il l'appelait, était une grande chambre meublée d'un grand lit, d'un grand bureau en forme de L et d'étagères remplies d'artefacts électroniques recouvrant les murs. Sur son bureau, il ne devait y avoir pas moins de quatre ordinateurs allumés et en activité. Devant sa chaise, deux rangées de trois écrans formaient son ensemble de moniteurs.

— Comment peux-tu regarder six écrans en même temps ? demanda Lily, c'est ouf ton truc !

— Je ne regarde pas forcément les six en même temps, mais comme j'effectue plusieurs choses simultanément, j'ai besoin de plusieurs moniteurs. Mais pourquoi êtes-vous ici ?

— Écoute, Marc, j'ai besoin de ton aide, dit Tommy.

— Est-ce que c'est relié à l'affaire des disparitions ?

— Oui, Marc, et d'une façon que j'ignore encore, c'est lié à ma famille.

— À ta famille ? Tu veux dire à tes grands-parents ?

— Non. À ma mère. Et ne me pose pas trop de questions, car je ne suis pas sûr de ce que je dois croire ou pas.

— Très bien, Tommy. Comment puis-je t'aider ? demanda calmement Marc, voyant que son ami était dépassé par les évènements.

Marc ne l'avait jamais vu aussi fragile et aussi secoué. Tommy était le gars qui n'avait jamais froid aux yeux. Il avait d'instinct la fibre de l'enquêteur, et c'était son côté téméraire qui le rendait aussi doué dans le domaine. Il pouvait étudier des choses étranges, enquêter sur les morts, sur les zombies ou les démons – pour autant qu'ils existassent réellement –, et il restait toujours calme. Mais là, il ne l'était pas. Tommy faisait les cent pas dans la chambre et n'arrêtait pas d'enrouler ses cheveux noirs autour de son doigt, comme il le faisait lorsqu'il était nerveux.

— Marc, je vais te demander quelque chose de très personnel, et Dieu sait ce que cela représentera… dit Tommy en s'arrêtant brusquement.

— Je t'écoute, répondit Marc.

— J'ai besoin que tu découvres si ma mère est en vie ou pas, déclara-t-il lentement comme s'il parlait avec quelqu'un qui ne comprenait pas bien la langue, alors que sa mèche rouge recouvrait son visage.

On aurait dit qu'il traversait quelque chose de difficile, et c'était sûrement le cas.

— Très bien Tommy. Quel était le nom de ta mère ?

— Elle s'appelait… (faisant une petite pause) … Carter, Nancy-Rose Carter.

— OK, attends, je recherche… Ce ne sera pas long. Je viens d'installer de nouvelles barrettes de mémoire vive dédiée LRRD-4 à 8 pins qui font que le processeur…

— Arrête, Marc ! On a bien compris que tu es le geek, mais STP épargne-nous ton charabia… Tu vois bien qu'il est sous tension, non ? rétorqua Lily.

— Oui, pardon.

Au bout de quelques secondes, l'ordinateur émit un son « Ding ! », suivi du message « #NoResults ». Il n'y a aucune Nancy-Rose Carter dans le comté… Aurais-tu une piste du lieu où elle aurait pu aller ? demanda Le Geek.

L'air un peu soulagé et en même temps déçu, Tommy lui répondit :

— Essaie avec Carter seul.

— OK, j'essaie ça… « Ding ! » « #ResultsFound », ça en fait trop, Tommy. Par contre, il n'y a pas de résultat avec son prénom.

— OK, essaie alors avec le nom Nancy-Rose McCarty, c'était le nom originel de ta famille, suggéra Lily, remplie d'enthousiasme.

— Oui, excellente idée, dit Tommy, fais ça, Marc !

— OK… N-a-n-c-y – R-o-s-e M-c-C-a-r-t-y… Voyons voir… « Ding ! », « #1Result », un résultat, Tommy ! À deux heures de route d'ici. »

Un grand silence remplit la pièce. Personne ne dit mot. Les filles regardaient Tommy, qui venait de réaliser que, pendant toutes ces années, depuis sa plus tendre enfance, il avait cru sa mère morte, alors qu'elle habitait à trois heures de chez lui. Autant il était ému par cette nouvelle, autant il était enragé d'avoir passé à côté de ces années de bonheur. Pourquoi lui avait-on menti ? Qu'est-ce qu'ils avaient à y gagner ? Tellement de questions se bousculaient dans sa tête… Sa mère s'était-elle remariée ? Avait-elle des enfants ? Mais surtout, pourquoi n'avait-elle pas cherché à rétablir le lien avec lui ? C'était vraiment injuste. Tant de haine dans son cœur… alors qu'il aurait dû y avoir beaucoup d'amour… Tommy était figé, ses longs cheveux noirs tombaient droit et recouvraient une partie de son visage. Ses yeux bleus laissaient passer un regard glacial et on pouvait voir des larmes couler. Il leva la tête vers le plafond et demanda l'adresse.

— Merci Marc, merci beaucoup. Je vais préparer des affaires et m'y rendre tout de suite, dit-il.

— Je viens avec toi, dit Lily.

— Non, Lily, c'est ma quête à moi, je dois la faire seul. Et tu ne peux pas ne pas rentrer chez toi cette nuit. Tes parents vont s'inquiéter.

— Non, Tommy, non ! Dans cette histoire, c'est l'union qui fait la force. C'est un sujet émotionnel assez important pour toi et il faut avoir les idées claires. Je vais venir avec toi au cas où l'on doive faire un choix difficile. Ce n'est plus juste ton histoire. Des jumeaux disparaissent et il semblerait que les forces du mal en soient la cause. Donc c'est un problème encore plus important ! Et d'ailleurs, nous devrions bien nous reposer cette nuit et partir demain à l'aube, déclara Lily d'un ton convaincant.

— Tu as raison, dit-il en souriant à son amie.

— Je propose que nous mettions le reste de la bande au courant de tout ce que nous avons trouvé, le journal de Peter McCarty, la sorcière, l'Indien, le sang, etc., avança Kareen.

— OK, je te laisse informer Marc et ensuite, il faut que vous alliez prévenir Alex. Expliquez-lui tout ce qui s'est produit et ce que Lily et moi sommes en train de faire. À nous tous, nous arriverons peut-être à trouver une solution et mettre fin à ce cauchemar, conclut Tommy.

Quelques minutes plus tard, les amis se séparèrent. Kareen était restée briefer Marc alors que Lily et Tommy étaient partis de leur côté.

— Tommy, je suis vraiment désolée pour ta maman. Je comprends à quel point cela doit être décevant d'avoir grandi seul sans mère alors qu'elle était à deux heures de route de toi, dit Lily, regardant son ami avec compassion.

— Non, Lily, ce n'est pas ça, le problème. Ce qui est vexant et douloureux, c'est de savoir que ton fils est à deux heures de route et de ne jamais être allée le voir. Tu sais, tant que je savais que ma mère était morte, je savais qu'elle m'aurait aimé. Mais de savoir qu'elle était là, à côté, et de ne pas être venue me voir, ça, ça blesse. Je viens de découvrir le sentiment que l'on ressent quand on est rejeté par sa propre mère. Et je me sens misérable ! Sans valeur !

Lily lui saisit alors la main en s'arrêtant, puis elle avança vers lui et le prit dans ses bras.

— Tu es chelou. Tu es zarbe. Drôle. Mystérieux. Unique. Calme. Mais s'il y a quelque chose que tu n'es pas, c'est bien « sans valeur ». Si ta mère t'a rejeté, il y avait peut-être une raison... Peut-être que quelque chose a fait qu'elle ne pouvait pas te voir ou rester en contact avec toi. Tu as raison, rien n'excuse son comportement, mais peut-être, juste peut-être, qu'il y a une vraie raison, lui dit-elle en lui faisant ensuite un bisou sur la joue. Allons, le Chelou, allons-y avant que ça devienne plus dramatique !

Tommy ne répondit rien, il fit juste un simple sourire.

— Est-ce que tes grands-parents te laissent amener du monde chez toi ? demanda-t-elle.

— Disons qu'ils s'en moquent un peu. Pourquoi cette question ?

— Parce que je vais venir dormir chez toi.

— Ah bon ?

— Oui, je ne pense pas que ce soit une bonne idée que tu restes seul cette nuit et je n'ai pas envie que tu partes sans moi demain matin, dit-elle d'un air soupçonneux.

— Et ton copain ? demanda-t-il

— Attends, j'ai dit que je venais dormir chez toi, je n'ai pas dit qu'il se passerait quelque chose entre nous ! C'est hors de question de casser cette règle d'or de la bande. Je ne tiens pas à perdre tous mes copains, répondit-elle.

— Évidemment… Évidemment, répéta-t-il.

Ils allèrent d'abord chez Lily puis chez Tommy. Elle dormirait dans son lit, alors qu'il passerait la nuit sur le sol.

— Tommy ?

— Oui, Lily ?

— Ça ira, ça ira !

— Bonne nuit, Lily !

— Bonne nuit, Tommy !

* Voici la clé.
* Débarrassez-vous de cette sorcière !

Chapitre 11

La maîtresse

CHAPITRE ONZE
- La maîtresse -

Alex se décida à aller seul du côté du feu de camp où ils avaient fait la fête le fameux soir où Danny s'était évanoui. Il avait quitté les frères Jerry quelques minutes plus tôt, à la hauteur de l'église. La nuit était tombée, la visibilité réduite mais il avait pris une lampe de poche.

Bon, voyons autour du feu de camp si par hasard les pages sont là…

Alex chercha mais il ne trouva que les restes d'un feu, des cendres et quelques sachets parsemés par-ci par-là. Il fouilla même les cendres afin de voir si par malheur, elles étaient tombées dedans… Rien.

OK, je crois que je vais devoir agrandir un peu le périmètre des recherches… se dit-il avant d'aller fouiller la poubelle… *Non, non, pas la poubelle…* Puis il mit une main dedans, son avant-bras et pour finir tout son bras. *Bon, elle est presque vide, mais je ne sens rien qui soit du papier… Ah ! Qu'est-ce que c'est que ça ? On dirait du papier…*

Il le saisit entre deux doigts et le sortit de là. En abaissant son regard, il vit que c'était un sachet en plastique au fond duquel quelque chose bougeait… *C'est quoi ça ?* se dit-il en fouillant le sac quand tout à coup une petite souris effrayée fit un bond pour semer son agresseur qui avait interrompu son expédition. Alex, surpris par le bond de la minuscule souris, poussa un cri comme s'il avait vu un fantôme… *Génial, vraiment génial ! La soirée commence bien…* Tandis que son cœur essayait de retrouver son calme… *Là, c'est fini, plus de poubelles !*

Après cet épisode, il retourna du côté du feu de camp. Il se mit à chercher un peu plus loin car il se pouvait que le vent l'eût emportée, dans la forêt. Il s'y aventura avec courage, se servant de sa lampe de poche comme d'une épée en se répétant : *jusqu'ici tout va bien, jusqu'ici tout va bien, jusqu'ici tout va bien.*

Au bout de plusieurs minutes de recherche et alors qu'il s'apprêtait à baisser les bras, quelque chose retint son attention… Il revint en arrière avec sa lampe de poche lorsqu'il aperçut quelque chose de beige. *Oh ! Serait-ce… non ??* Il s'approcha lentement et s'accroupit devant l'objet en question. *Non ! Non ! Non ?? Oui !! OUI !! C'est ELLE !! L'une des pages du livre !!* Excité par cette découverte, il se mit à chercher la deuxième page, mais sans succès. Alors, après une bonne heure et demie, il se décida à rentrer chez lui. *Étrange, j'avais dit à Mike et Steve de venir me trouver une fois qu'ils auraient fini à l'église… Qu'est-ce qui leur prend aussi longtemps ?* se demanda-t-il. *Bon... Passons par l'église et jetons un coup d'œil en espérant qu'ils ne se soient pas fait surprendre par le prêtre.*

Arrivant à l'église, Alex jeta un œil rapide mais attentif au bureau du Père Mathieus depuis le haut du mur. La lumière était allumée et le Révérend était assis à son bureau, étudiant de vieux écrits. Alex se pencha un peu afin de mieux voir ce que c'était car il suspectait le Révérend d'en savoir plus sur cette histoire qu'il ne le prétendait. Il aperçut un petit livre de la taille d'un journal de bord, manuscrit. Puis, essayant de se pencher davantage, il fit maladroitement tomber sa lampe de poche, ce qui attira l'attention du Révérend. Ce dernier ferma immédiatement le manuscrit, le couvrit d'un voile noir et se leva afin de regarder par sa fenêtre s'il n'y avait pas d'intrus. Alex se laissa tomber à l'extérieur du mur en y abandonnant sa lampe de poche. Puis il rentra chez lui en se demandant ce qu'avaient pu trouver les frères.

Alex était content du fruit de ses recherches bien qu'il n'eût trouvé qu'une seule des deux pages. Il la déposa sur son bureau et la regarda, sans la quitter des yeux pendant une heure. Il la craignait car elle avait des pouvoirs. *J'aurais bien voulu la lire, mais j'ai peur que quelque chose de terrible se produise. Et si, en la lisant, je libère à mon tour un être démoniaque ? Bon, c'est vrai que je n'ai pas de jumeau et cette entité, si on en croit les faits, ne serait intéressée que par des frères jumeaux...* Mais tout à coup, comme frappé par la foudre, il se figea... *des frères jumeaux... Mike et Steve sont des frères jumeaux ! Oh non, je crains le pire !* Alex remit son pantalon et courut au salon afin de téléphoner chez les deux frères.

— Bonsoir, Madame Jerry, je suis vraiment navré de vous déranger à une heure si tardive, mais est-ce que Mike ou Steve sont là ? PARDON ? Ils ne sont pas rentrés ? J'avertis mon père...

Puis il raccrocha et téléphona au bureau du shérif.

— Allô papa ? Écoute, il est arrivé quelque chose de grave à Mike et Steve. Nous avions rendez-vous ce soir et ils ne sont jamais venus alors qu'ils tiennent toujours parole. Je crains le pire ! Oui, j'ai téléphoné et ils ne les ont pas vus... Je sais... Non, on ne peut pas attendre demain. Papa, ce sont des jumeaux !!... Je sais, mais il sera trop tard, papa, s'il te plaît... Merci... Génial... Oui ! Comment puis-je t'aider ?... Non, je ne veux pas ! Ce sont mes amis, je ne vais pas rester assis les bras croisés alors qu'ils sont en danger ! Nous avions rendez-vous vers la forêt... Oui... D'accord... Je sais, papa, je sais... Non... Très bien... OK... À plus tard !

Alex était inquiet à cause de la disparition de ses amis. Les frères Jerry étaient comme ses propres frères, ils avaient grandi ensemble et avaient fait les cent coups ensemble, et ça n'allait pas s'arrêter là, il fallait les trouver à tout prix ! Il allait et venait dans son salon évitant de penser à ce que les jumeaux pourraient être en train de subir. Peut-être qu'ils ne risquaient pas grande chose après tout ? Ou peut-être que la sorcière ne verrait pas de différence...

Trouve un plan, Lex, trouve un plan, se dit-il à voix haute alors qu'il enfilait son gant de baseball dans sa main gauche et prenait sa balle dédicacée.

Ok, soyons méthodiques, ne nous laissons pas emporter par les évènements... Que savons-nous ? Nous savons qu'une sorcière a enlevé les enfants... non, avant ça ! Nous savons qu'un livre maudit a laissé s'échapper une sorcière qui était piégée dedans. Bien ! Nous savons que cette sorcière enlève des jumeaux, donc des frères... Bien ! Nous savons que le livre a deux pages manquantes et que j'en ai trouvé une... Bien ! Qu'est-ce que nous ne savons pas ?? Nous ne savons pas comment cette sorcière s'est retrouvée coincée dans ce livre maudit... Bien ! Nous ne savons pas pourquoi elle enlève des jumeaux... Bien ! Qu'avaient en commun ces jumeaux ? C'étaient tous des garçons... Bien ! Mais pas tous les jumeaux avaient le même âge... Bien ! Donc, elle ne recherche pas des jumeaux d'un certain âge... Bien ! Donc, elle recherche simplement des jumeaux !... Bien ! Mais pourquoi ? Il doit y avoir une raison, quelque chose que nous ne savons pas s'est produit dans le passé qui fait qu'elle cherche des jumeaux... mais quoi ??... On ne sait pas non plus où elle les amène quand elle les enlève... Bien ! Bon, là, ça me dépasse... Quelle histoire, sérieux ! Je dois trouver la...

« Dring, Dring, Dring ! » Le téléphone le sortit de ses pensées et ce fut à vive allure qu'il courut le prendre.

— Allô ? Papa ? On les a retrouvés ? demanda-t-il sans savoir qui était à l'autre bout du fil.

— Heu… Salut Lex, c'est Marc. De qui tu parles ?

Ce n'était pas son père mais son ami.

— Oh non, rien, pardon j'ai cru que c'était mon père, désolé !

— Quelqu'un a disparu ? C'est qui, cette fois ? Je les connais ?

— Oui, répondit Alex, laissant ensuite s'installer un grand vide au téléphone.

— Lex ! C'EST QUI ? répéta Marc, affolé.

Mais Alex ne répondait toujours pas...

— Alex, réponds-moi, bordel ! C'est qui ? insista-t-il d'un ton empreint de chagrin.

— Marc, c'est Mi… Mike et Steve…, dit-il avec hésitation.

Les jumeaux et Marc avaient une relation très étroite. Dans son enfance, Marc avait souvent été insulté, voire molesté ou frappé par d'autres enfants. Un jour de printemps, alors que Marc rentrait chez lui, un groupe de cinq garçons l'avait attendu sur le chemin du retour de l'école. Marc était plutôt petit et il portait un grand sac à dos dans lequel il avait ses gadgets. Le chef du groupe se mit en travers de son chemin, lui demanda de lui donner son sac et ses gadgets, mais Marc refusa.

— Vas-y, le Geek, donne-moi tes gadgets ou alors ton fric !

— Je n'ai pas d'argent. Laissez-moi, s'il vous plaît ! dit-il.

— Oh… « Laissez-moi s'il vous plaît ! », vous avez entendu ça ? ironisa le chef tandis que l'un des garçons derrière lui le poussa en avant d'un coup sec, ce qui le fit tomber à terre.

— « Si'ou'plait… Laissez-moi partir » …, se moqua un autre.

— Oh mais qu'est-ce que je sens… Est-ce une odeur de caca ? demanda un autre.

— Oui, je crois que le Geek s'est chié dessus ! ajouta un autre ; d'ailleurs, on devrait peut-être lui enlever non seulement son sac à dos mais aussi son pantalon…

— Quelle bonne idée ! Arrachez-lui son sac et son pantalon ! ordonna le chef avec autorité.

Alors qu'ils étaient à quatre sur lui, une voix se fit entendre :

— Alors les losers… Vous vous mettez à cinq contre un ? dit Mike, accompagné de Steve, son frère jumeau.

— Ce ne sont pas vos affaires, continuez votre chemin ! rétorqua le chef alors que les quatre garçons se relevaient et lâchaient Marc.

— Non mais… tu as vu, Mike, ils essaient de lui enlever son pantalon. Les rumeurs étaient donc vraies ? Vous êtes des tapettes ! Ce qui fait de toi le chef Tapette, n'est-ce pas, Mike ? dit Steve.

— Oui, ce qui fait de lui le chef des fiottes, répondit Mike.

— Ou encore, la cheffe Fofolle… C'est vrai que ça lui va bien. Mais Mike, dis-moi, qu'est-ce que ça fait d'eux alors ?

— Laisse-moi réfléchir, Steve… des larbins tafiottes ? proposa-t-il en rigolant.

— Tu es sûr que ça se dit, ça ? demanda Mike.

— Pas sûr, mais l'idée est là ! N'est-ce pas, les chochottes ?

Ce jour-là Mike, Steve et Marc rentrèrent avec des bleus sur tout le corps et saignant d'un peu partout. Les jumeaux savaient que la bagarre était perdue d'avance, mais ils ne pouvaient pas laisser cette injustice se produire. Leur stratégie était de montrer à cette bande de molosses que même s'ils gagnaient, ils n'en sortiraient pas indemnes. Et ça, ils l'avaient bien compris. Depuis ce jour, leur amitié s'était forgée et ce, pour le restant de leur vie.

— Alex, ce n'est pas vrai ! s'exclama Marc.

— Écoute, mon père fait tout son possible pour les retrouver au plus vite et moi je cherche une piste de mon côté…

— Lex, tu as raison et si on veut les sauver, il faut que l'enquête avance. Viens vite chez moi…J'ai des infos sur le dossier qui pourraient nous mettre sur une piste. C'est aussi plus compliqué que ce que l'on pense. Tommy et Lily sont déjà sur l'une des pistes et nous, nous devons en trouver une autre. Tu peux venir... Là, maintenant ? demanda Marc.

— Oui, j'arrive tout de suite !

Alex partit immédiatement retrouver son camarade et Kareen, qui le mirent au parfum des découvertes de Tommy et des filles concernant ce que l'Indien leur avait appris au sujet de sa mère et de la marque sur l'épaule.

— Alex, pour l'instant, ça se tient ! Le vieil Indien est peut-être fou, mais ça se tient et Tommy et Lily vont retrouver la trace de sa mère afin d'en apprendre davantage, affirma Kareen.

À son tour, Alex les informa du fait qu'il avait trouvé l'une des deux feuilles du livre et il leur donna les informations sur les jumeaux qui avaient disparu.

— Bon sang ! s'exclama Kareen alors que les deux amis la regardaient, interrogatifs.

— Quoi, qu'est-ce qu'il y a, Kareen ? demanda Marc.

—J'ai ici la clé USB avec une copie du manuscrit de Peter McCarty. C'est Madame Miller qui nous l'a donnée. Il faut qu'on résolve ce puzzle de notre côté, dit-elle.

Après des heures de recherche sur de possibles combinaisons et mots qui pourraient remplir les trous des phrases, Marc décida de les travailler avec un programme informatique de retouche digitale, au cas où des indices apparaîtraient, mais malheureusement, cela risquait de prendre du temps.

Comme c'était vendredi soir et qu'il n'y avait pas d'école le lendemain, ils décidèrent de rester chez Marc toute la nuit et si besoin sans fermer l'œil.

— Oui… c'est ça… bon… essayons avec cet effet…

Marc tenta diverses couches d'effets pour essayer de faire ressortir de l'encre disparue ou des traces de pression sur la feuille faites par le stylo, mais cela avait dû être écrit avec une plume et sans pression. Alors qu'il était concentré sur sa mission, il fut distrait par un bruit de fond qui devenait de plus tonitruant… Se retournant, il vit Kareen et Alex assis l'un contre l'autre, endormis et ronflant de façon synchronisée, ce qui le fit sourire. Marc prit quelques secondes pour savourer ce que cette image montrait : la valeur inestimable d'une amitié entre des amis qui s'aimaient et se soutenaient. Quelle chance il avait de faire partie de la « B12 » !

Bon, assez de nostalgie, retournons au boulot, mes amis comptent sur moi !!

Après plusieurs heures de travail, de tests, d'effets et autres combines dignes d'un geek comme lui, les yeux de Marc se fermèrent peu à peu et sans s'en rendre compte, il s'écroula sur son bureau, endormi, rêvant d'essais informatiques, de sorcières et de filles à casquette en forme d'oreilles de chat jouant à la console vidéo...

Quelques heures plus tard, c'est Kareen qui se réveilla, assise, avec la tête d'Alex sur ses cuisses mouillées par la bave de ce dernier.

— Alex, Marc, réveillez-vous !

Alex sursauta, essuyant sa bave.

— Oh zut, j'ai bavé ! Je suis trop désolé, Kareen !

Marc, quant à lui, avait la forme des touches gravées sur sa joue... Ce qui tendit la perche à Alex :

— Tu as bien dormi, AZERTY ? Ou c'est plutôt QWERTY ce matin ? lui demanda ce dernier sur un ton moqueur en pointant sa joue du doigt.

Marc comprit à ce moment-là que les touches de son clavier étaient gravées sur sa peau et tous les trois se mirent à rire.

— Bon, voyons où nous en sommes... Tu as du neuf ? demanda Kareen.

Puis tous les trois se penchèrent sur l'écran... À leur grande surprise, il y avait là quelque chose de presque descriptible.

— OH ! Attends, attends... Si je rajoute un filtre gamma dessus et que j'augmente le contraste de 15 %, ainsi que la finesse des particules... je devrais... obtenir... quel...que...chose...de...vala... VOILÀ !! dit Marc fier de son tour de passe-passe qui impressionna la galerie.

— Waow ! Bravo, Marc, tu as réussi ! s'écria Kareen.

— Attends, ça dit quoi ? ajouta Alex.

Les trois amis se mirent alors à lire le texte ensemble :

« … Cela n'a pas marché, malheureusement. J'ai pu prendre le livre dans mes mains… Mais non. Pourquoi dans un espace consacré ? Enfermer les esprits en souffrance dans des runes gravées sur des pages, c'était le seul moyen. Il fallait les piéger dans le livre runique. Cela paraissait étrange, mais c'était le seul moyen de les arrêter… J'avais cru pouvoir y parvenir, mais j'ai échoué. Je pourrais peut-être y arriver mais il faudrait piéger un enfant maudit par page. Et il faudrait le faire avant minuit par pleine lune… Il faut réunir le livre, les pages runiques, le sang d'une mère de jumeaux parfaits. Pour accomplir le rituel, il faut mettre du sang de la mère sur chaque page et avec un os de chaque enfant, il faut dessiner des cercles sur chaque page tout en répétant le nom de la mère. »

— Mais c'est fou, cette histoire ! dit Marc.

— Attends, prends la page suivante, ça dit quoi ? demanda Alex et cette fois, c'est Kareen qui lut à haute voix :

« J'ai découvert que la sorcière n'en était pas une ou du moins qu'elle ne le savait pas. Elle a injustement été brûlée avec ses enfants à cause d'une épidémie qui, dans les faits, provenait de l'autre côté de la grande mer. En mourant par le feu, elle a jeté une malédiction sur toutes les familles présentes et c'est grâce à la magie dormante que la malédiction put être réalisée. Elle était la maîtresse d'école et donnait ses cours dans la vieille église qui servait de salle de classe à l'époque. Quelle idée de brûler une femme innocente avec ces petits jumeaux et cela sous les yeux de tout un village et de penser que cela calmerait les dieux ! Quelle hérésie ! D'après les dires, les corps des enfants seraient enterrés derrière l'église, dans le vieux cimetière, à la pointe Sud-Ouest, sans tombe, l'emplacement juste marqué par un simple caillou sur lequel seraient gravées des initiales. J'ai appris que la raison pour laquelle ils avaient été enterrés dans une terre consacrée, c'est parce qu'ils avaient été baptisés à la naissance. Je suis moi-même allé voir et n'y ai rien trouvé. Par contre, le manuscrit que j'ai à mon tour recopié dans celui-ci nous donne de bons indices. Il semblerait que la sorcière frappe chaque génération et cela devrait bientôt se produire. Je suis en contact avec le prêtre et l'ai informé de mes découvertes. On dirait que toute la ville est au courant, mais personne ne fait quoi que ce soit. Mon propre frère, qui est ici depuis bien avant moi, n'a jamais cru aux forces surnaturelles et il me regarde comme si j'étais fou... Mais je ne le crois pas capable de me faire obstacle. En affinant mes recherches, j'ai découvert que la soi-disant sorcière avait une petite sœur qui aurait été épargnée. En fréquentant des adeptes des forces occultes, j'ai aussi compris que pour qu'un sort puisse avoir lieu, il doit contenir dans sa substance l'anti-sort qui puisse le contrer et que cela provient de l'équilibre de l'univers. Cela repose aussi sur le fait que toute magie pour exister, quelle qu'elle soit, doit avoir un équilibre, faute de quoi elle ne peut se réaliser. Et donc, le contre-sort est dans le sang même de la sorcière et seul le sang d'une descendante directe de celle-ci peut mettre un terme à la malédiction. Or, il y a ici même une descendante, ce n'est qu'une petite fille du nom de Nancy-Rose, mais peut-être sera-t-elle la solution à cet enfer qui sévit dans cette paisible petite ville. Je n'ai pas encore réussi à trouver les ossements des enfants et cela est un problème... »

— WAOW !! Mais c'est trop flippant cette histoire ! dit Marc.

— Comment as-tu dit qu'elle s'appelait, la mère de Tommy ? demanda Alex.

Marc, lentement, la bouche grande ouverte et les yeux écarquillés, se retourna sur sa chaise pivotante en regardant Kareen, puis Alex…

— NAN-CY – RO-SE !! dit-il en séparant les syllabes.

— Attends, dit Kareen, tu es en train de dire que la Nancy-Rose dont parle le grand-oncle de Tommy est sa mère ? Non ! Ça ne peut pas être le cas !

Alex fixa l'écran mais son regard était dans sa tête... Puis cela fit « clic ».

— Non... Mais vous vous rendez compte ? Lorsque le grand-oncle de Tommy a écrit ces pages, Nancy-Rose n'était qu'une jeune fille. Il n'avait pas la moindre idée que son petit-neveu allait se marier avec elle et avoir un enfant : Tommy ! dit Alex à voix haute, surpris.

— Tu as raison ! Oh waow ! S'il avait su ! dit Marc.

Rapidement, ce dernier se retourna vers son ordinateur et fit une recherche afin de voir combien de « Nancy-Rose » il pouvait y avoir dans la ville... Mais à la fin de ses investigations, ce furent encore le nom et l'adresse qu'il avait donnés à Tommy qui ressortirent parmi quelques autres.

— Bon, il faut appeler Tommy d'urgence ! Il est où ton téléphone ? demanda Alex.

Les trois enfants descendirent dans le hall d'entrée et composèrent le numéro de Tommy. Le grand-père répondit :

— Allô, qui est à l'appareil ? dit-il d'une voix de vieille personne.

— Bonjour, Monsieur Carter, c'est Marc, est-ce que Tommy est là ? demanda Marc.

— Ah ! Bonjour, Marc ! Non, Tommy n'est pas là. Par contre il m'a laissé un mot... Ce petit voyou disait qu'il m'empruntait la voiture pour tout le week-end ! Tu te rends compte de ce qu'il nous fait subir, ce garçon ? Si j'ai une urgence, je ne peux pas conduire, dit-il lentement.

— Mais je croyais que vous ne conduisiez plus depuis des années, Monsieur Carter, dit Marc innocemment.

— Tu as peut-être raison, j'oublie les choses parfois, répondit le vieillard.

— Ce n'est pas grave, Monsieur. Merci quand même et je vous souhaite une magnifique journée ! répondit Marc avant de raccrocher.

— Alors ? questionnèrent Alex et Kareen en même temps.

— Il est déjà parti et Lily est avec lui. On n'a plus qu'à espérer qu'ils reviendront sains et saufs avec du sang, mais le voyage risque d'être intense pour eux !

Chapitre 12

Surprises

CHAPITRE DOUZE

- Surprises -

Cela faisait presque deux heures que Tommy et Lily conduisaient en direction de l'adresse qui leur avait été fournie par le Geek. Lily, qui tenait une carte de la ville achetée à la station-service, lui indiqua le chemin à prendre.

— Prochaine à droite… voilà, on y est ! Old Street West et nous cherchons le numéro 696… 635... Ah ! C'est de ce côté… 656… on n'est plus très loin… 694 ! C'est juste après, parque-toi dès que tu peux, lui ordonna-t-elle.

Ils se garèrent à cinquante mètres de l'entrée. Le quartier était pauvre et n'avait pas bonne allure. Le bâtiment avait cinq étages et était gris de saleté. Des sans-abris se tenaient sur les trottoirs, allongés dans des sacs de couchage avec, près d'eux, des chariots ou des cabas remplis de bouteilles en plastique. Les jeunes amis gardaient leurs distances lorsqu'ils passaient devant eux par crainte qu'ils ne fassent quelque chose de violent. Ils n'avaient pas l'habitude de voir des personnes à la rue et ne savaient pas trop comment réagir. L'un d'eux, un vieil homme aux cheveux blancs et d'une soixantaine d'années, dont le visage était sale et la diction incompréhensible à cause des dents qui lui manquaient, leur cria dessus comme s'ils étaient en danger de mort :

— Achenchion, gamin, elle vient pour choi, uniquement pour choi, fais gache, chu dois les chauver !

Mais Tommy et Lily se mirent à marcher plus vite et rentrèrent dans le bâtiment sans perdre une seconde.

— Quel fou celui-là, dit Lily, qu'est-ce qu'il a dit ?

— Je ne sais pas, répondit-il, j'ai juste compris la fin où il parlait de « chauver » ou « chômer », répondit-il.

Puis ils se mirent à chercher le nom de Nancy-Rose sur les boîtes aux lettres.

— Deuxième étage, appartement 02, dit Lily.

— Oui, appart #202, répéta-t-il.

Devant l'ascenseur, un panneau indiquait : « Cet ascenseur n'a pas été révisé depuis quatre ans. Nous déclinons toute responsabilité en cas d'accident », ce qui poussa les deux jeunes gens à monter par les escaliers.

— Voilà Tommy, on y est… Comment te sens-tu ? demanda son amie.

— Pas bien, j'avoue que je me sens mal. J'ai l'impression que je vais vomir et que mes jambes vont me lâcher. Je préférerais ne pas être ici. Si seulement j'étais resté chez moi et n'avais pas été mis au courant de cette histoire ! dit-il avec une certaine appréhension.

— Tommy, tu es le Chelou et ce n'est pas pour rien. S'il y a quelqu'un qui peut passer au travers de cet instant, c'est bien toi. Ce n'est pas le moment d'hésiter mais de baisser la tête et de foncer devant ! répondit-elle en lui prenant sa main puis, d'un regard compréhensif et amical, elle l'encouragea à sonner à la porte.

« Dring Dring ! » Son doigt s'était retiré de la sonnette mais il restait face à elle. Son pouls s'accéléra et ses yeux fixèrent l'œillet de la porte sans pouvoir les en détourner. On entendit le bruit de quelqu'un qui se levait et avançait vers la porte… Tommy avait les pupilles qui se dilataient et on aurait dit que le temps s'arrêtait. Son pouls devint de plus en plus rapide et un son aigu prit le dessus sur les bruits environnants.

L'œil de la personne à l'intérieur se plaça derrière l'œillet et on entendit un gémissement, comme un gémissement d'étonnement. La porte s'ouvrit.

Une femme de couleur se tenait là, face à eux et regardait Tommy comme s'il était une apparition.

— Mais… Mais… Ce n'est pas possible ! Ça ne peut pas être toi, David ! dit la dame.

— Non, Madame, je ne suis pas David, je suis Tommy. Qui est David ? Et vous, qui êtes-vous ?

La femme les accueillit à l'intérieur de la maison et leur offrit un thé avec des biscuits. Elle avait autant de questions à poser que les deux jeunes gens... Enfin arriva le moment de discuter :

— Alors comme ça, tu es à la recherche de Nancy-Rose ? demanda-t-elle, je la connaissais bien... Qu'est-ce qu'elle représente pour toi ?

— Pourquoi dites-vous que vous la connaissiez bien au passé ? s'enquit Lily ouvertement.

— Je vais répondre mais je veux d'abord savoir ce qu'elle représente à tes yeux, dit-elle en tournant la tête vers Tommy.

— Nancy-Rose est ma mère. Mes grands-parents m'ont dit qu'elle était morte à ma naissance et je viens de découvrir hier après-midi qu'elle serait encore en vie et j'ai beaucoup de questions pour elle, répondit-il en regardant la femme dans les yeux.

— Il y a beaucoup de choses que je sais au sujet de Nancy, mais s'il y a quelque chose que je ne savais pas, c'est qu'elle avait des jumeaux ! Je suis vraiment navrée, mon petit ange, lui déclara-t-elle en s'avançant pour lui prendre la main, de t'annoncer que Nancy, ta maman, nous a quittés il y a une semaine !

La résonance de ces mots ainsi que les images qui s'y rattachaient eurent l'effet d'un coup de massue autant sur Tommy que sur Lily. Tous les espoirs de trouver des réponses venaient de s'évanouir en quelques secondes.

— Mais j'avais tellement de questions pour elle ! dit Tommy en regardant le sol.

— Je suis sûre que tu as des questions et je suis vraiment désolée mais je crains que tu ne trouves ici plus cela, lui répondit l'amie de sa mère.

— Madame, de quoi est-elle morte, si j'ose demander ? s'avança Lily.

— Je ne peux pas te le dire car personne ne sait ce qui s'est passé. Elle a été retrouvée le matin dans d'étranges conditions.

— Étranges, comment ça ? répondit vivement le garçon.

— Est-ce que tu veux vraiment le savoir ? demanda-t-elle avec inquiétude.

— Oui ! Je veux le savoir, c'est mon droit ! s'exclama Tommy.

— Certes, ça l'est ! Je suis passée l'après-midi du mercredi et il y avait un officier de police qui prenait la déposition d'un voisin. En fait, l'alarme de ta mère s'était déclenchée et elle ne l'arrêtait pas. Au bout de quelques heures, le voisin d'à côté a sonné à la porte et comme personne ne répondait, il a essayé de l'ouvrir, chose qu'il a faite. Nancy était couchée sur le canapé. Tout son corps était pétrifié somme si elle avait été frappée par quelque chose qui l'avait gelée. Son visage était presque défiguré comme si elle avait vu quelque chose qui l'avait terrorisée et qu'à cet instant-là elle ait été frappée et pétrifiée. Je suis allée certifier que c'était bel et bien ma Nancy.

Elle se mit alors à pleurer. Lily lui tendit un mouchoir alors que Tommy lui serrait la main en signe de compassion.

— J'ai vu Nancy morte sur une table en métal et j'ai dû la regarder dans les yeux. Elle était paralysée de terreur ! Je n'ai jamais vu un visage aussi effrayé, décrit-elle.

— Vous la connaissiez bien ? demanda Lily.

— Oui, du moins je le croyais, car elle ne m'a jamais parlé d'un deuxième fils.

— Où se trouve son autre fils ? Enfin, je veux dire mon… frère ? questionna Tommy.

— Mon défunt mari avait une maladie du sang et j'allais le voir tous les jours à l'hôpital, puis il m'a quittée. Ton frère jumeau était très malade depuis sa naissance ; il avait un problème de sang et c'est ainsi que j'ai connu ta maman ; nous nous voyions tous les jours et nous nous soutenions respectivement, nous étions présentes l'une pour l'autre. Elle était une femme au grand cœur et faisait tout ce qu'elle pouvait pour aider son fils en lui donnant son sang. Avec les années, il allait mieux, mais malheureusement la maladie eut presque raison de lui car il est mort cliniquement pendant quelques minutes, temps pendant lequel son cerveau ne fut pas correctement irrigué et il sombra dans un long coma dont il n'est jamais sorti. Les docteurs lui conseillaient de « le débrancher » comme ils disent, mais ta maman ne l'a jamais abandonné ! Elle était une mère exceptionnelle, n'aie pas le moindre doute, exceptionnelle, oui, dont l'amour maternel était débordant d'espoir !

Tommy comprenait ces propos et voyait à quel point sa mère avait aimé son frère, mais pourquoi avoir quitté la ville, l'avoir laissé, lui ?

— Qu'est devenu le frère de Tommy ? demanda Lily.

— Il est toujours à l'hôpital... Ta maman avait fait des réserves de sang afin que David ait le plus de temps de vie possible au cas où quelque chose lui arriverait. Mais je n'en sais pas plus. Je suis navrée, je n'ai pas encore eu le courage d'aller voir David à l'hôpital. Toute cette histoire m'a beaucoup bouleversée.

— Je vous remercie beaucoup pour votre témoignage, je vois que vous l'aimiez beaucoup et cela me touche, dit Tommy.

— Oui, je l'aimais beaucoup. Et si elle ne m'a jamais parlé de toi, Tommy, c'est qu'elle avait ses raisons... Je ne sais pas lesquelles, mais elle les avait ! D'ailleurs tu as ses yeux ! Je suis navrée de ne pas pouvoir vous aider davantage !

— Vous nous avez déjà aidés plus que vous ne l'imaginez, croyez-moi ! lui assura Tommy avant de quitter l'appartement et de retrouver la voiture.

— Lily, dit-il en sortant du bâtiment.

—Je sais ! Mais tout n'est pas perdu ! Elle a un stock de sang !

— Oui, mais j'avoue que toute cette histoire est un peu étrange, mon frère dans le coma, la violence de son décès, les bourses de sang… Ça me dépasse un peu et ça me donne l'impression que tout est relié, comme s'il y avait une histoire autour de ces phénomènes étranges, dit-il avec un air interrogateur.

— C'est vrai et moi, ce que je peux voir, c'est que tu lui ressembles bien plus que tu ne le penses ! répondit-elle. Et maintenant direction…

— L'hôpital ! acheva Tommy.

Après une petite pause déjeuner, Lily et Tommy prirent la route de l'hôpital de Lonesville, qui ne se trouvait qu'à vingt-cinq minutes vu qu'il était dans la périphérie nord de la ville.

Un grand panneau sur lequel était inscrit « Lonesville Great Hospital » brillait et leur indiquait l'entrée principale qui n'était pas difficile à trouver. Une fois à l'intérieur, ils se rendirent à la réception.

— Bonjour, Madame, dit Lily, nous cherchons un membre de la famille qui serait ici. Son nom est David Carter.

— Un instant, je cherche… dit la jeune réceptionniste.

— Il se peut qu'il soit sous le nom de McCarty, ajouta Tommy.

— Oui, David McCarty. C'est dans l'aile Est, direction soins intensifs. Suivez la ligne verte jusqu'à la chambre #401. Soyez silencieux, s'il vous plaît, c'est une zone de repos, leur expliqua l'assistante.

Puis ils partirent.

— Je t'avoue que ça va me faire bizarre, après avoir vécu seul, de me retrouver face à non seulement mon frère mais en plus mon jumeau. Et d'après la réaction de l'amie de ma mère, on se ressemble au point qu'elle nous a confondus, s'inquiéta Tommy.

— Je ne peux pas imaginer ce que tu ressens, mais dis, c'est une bonne nouvelle ! répondit Lily, enthousiaste.

Ils se trouvaient en face de la chambre 401 lorsque sortit une infirmière avec un chariot.

— Ah oui ! Carrément ! La ressemblance y est ! dit-elle en regardant Tommy ; c'est bon, vous pouvez entrer, j'ai fini, mais ne vous attendez pas à ce qu'il vous raconte une histoire, il ne dit pas un seul mot ! les prévint-elle avec une touche d'humour que les jeunes amis ne comprirent pas.

Tommy entra le premier, suivi de Lily. La chambre comportait trois lits, deux à gauche, qui étaient vides, et un troisième à droite, dont on ne voyait que les pieds, puis un WC avec douche à droite. À chaque pas qu'il faisait en avançant, il en voyait davantage du lit jusqu'au moment où il découvrit quelqu'un, couché là, mais dont on ne distinguait pas facilement le visage. Tommy continua d'avancer, suivi de sa jeune amie.

Sans prononcer un seul mot, il s'approcha du lit du côté fenêtre et il resta là, sans rien dire, observant ce corps étendu, les yeux fermés. Il le regarda et réalisa que c'était sa copie parfaite, mis à part les cheveux courts et toute la cosmétique en moins. Puis il se pencha sur son visage pour le regarder face à face lorsque les yeux de son frère s'ouvrirent brusquement.

Tommy fit un saut en arrière et tomba assis sur une chaise. La main au cœur, il ne put s'empêcher de dire quelques vilains mots :

— Merde ! Il n'est pas dans le coma, ce con !!

Chapitre 13

L'éveil

CHAPITRE TREIZE

- L'éveil -

Les yeux de David fixaient le plafond. Tommy et Lily s'approchèrent de lui afin de l'observer et de comprendre.

— Je ne comprends, je croyais qu'il était dans le coma... demanda Lily.

— Oui, c'est ce que je croyais aussi, mais pour être dans le coma, il faut avoir les yeux fermés, non ? À moins que ce ne soit un autre type de coma, qui sait ? répondit Tommy.

David ne bougeait pas et continuait de fixer le plafond. Dans les faits, il était partiellement conscient de ce qui se passait mais avait perdu toute notion de contrôle du corps.

— Allô ? Frangin, tu es là ? demanda Tommy.

— Il n'est pas conscient, dit Lily.

— Qu'il ne soit pas conscient est une chose mais qu'il soit partiellement là en est une autre, et il est partiellement là, affirma le Chelou.

— Qu'est-ce que tu veux dire, Tommy ? l'interrogea son amie.

— Quand tu es conscient, l'esprit et le corps ne sont qu'un, mais lorsque tu es dans le coma, ils sont deux.

— Et la personne est où ? demanda-t-elle naïvement.

— Comment ça « la personne est où » ? dit-il en la regardant avec étonnement.

— Oui, tu dis que lorsque la personne est dans le coma, le corps et l'esprit sont deux, ils sont séparés, mais où est David ou la personne en question ?

— Lily, lui expliqua délicatement Tommy, en souriant, l'esprit est la personne. Lorsque les deux se séparent, la personne est projetée hors de son corps, elle est consciente mais hors contact avec son corps et du coup, elle est privée de communication avec l'environnement de son corps. Certains appellent ça des voyages astraux, d'autres des sorties du corps ou extériorisation. Dans tous les cas, les deux ne sont plus synchronisés et la communication est coupée.

— Est-ce qu'il y a une façon d'y remédier ? demanda Lily intriguée par cette explication.

— Oui, il y en a, semblerait-il, mais je n'ai jamais essayé, vu que je ne me suis jamais trouvé dans cette situation, répondit-il.

— Est-ce que tu crois que tu réussirais à essayer quelque chose ?

— Je peux essayer mais je ne garantis rien du tout. J'ai vu ça sur un site il n'y a pas très longtemps... répondit Tommy.

— OK, frangin, je vais essayer de te faire revenir parmi nous. Je sais que tu es là ! Si tu m'entends cligne une fois les yeux. Est-ce que tu m'entends ? lui demanda-t-il.

Quant à Lily, elle se pencha carrément sur son visage.

— Il n'a pas cligné des yeux ! annonça-t-elle.

— Merci, Lily, j'avais remarqué ! J'ai besoin que tu recules, que tu me donnes de l'espace et que tu gardes le silence. C'est déjà assez stressant comme ça ! lui intima Tommy avant de se retourner vers son frère.

— OK, frangin. J'ai bien compris que cligner des yeux était un peu trop difficile...

Alors il prit sa main dans la sienne...

— Serre ma main si tu m'entends ! dit-il avant de faire une petite pause de plusieurs secondes lorsqu'il sentit une légère pression de la main.

— Bigre ! Il m'a légèrement serré la main ! Ça marche, s'exclama-t-il avec enthousiasme avant de continuer...

— Bravo pour ton serrement de main, je sais à présent que tu m'entends. Je vais prendre ta main et te faire toucher les objets autour de toi jusqu'à ce que je voie que tu vas mieux, d'accord ? Je ne m'attends pas à ce que tu sortes du coma mais au moins que tu aies amélioré la communication avec ton corps, comprends-tu ça, frangin ?

Tommy sentit à nouveau un léger serrement dans la main.

— Bravo frérot ! C'est parti ! Touche ton oreiller, ordonna Tommy en amenant la main de son frère contre l'oreiller, après quoi il sentit un léger serrement de main. Merci. Touche la couverture, dit-il en amenant sa main sur la couverture, à la suite de quoi un léger serrement de la main fut senti par Tommy. Merci ! À présent touche le drap…

Le jeune garçon continua ainsi pendant environ trente minutes jusqu'à ce qu'un son s'échappe de sa gorge :

— Tooo…mm…yyyy, articula David sans quitter le plafond des yeux.

— Oui, dis-moi, frangin, je suis là !

— Preeend… mooo…nn… cooo… liii… eeer, dit David, d'une voix qui s'entendait à peine.

— Ton collier ? Quel collier ?

Puis il se retourna comme pour chercher un collier dans la pièce.

— Là, dit Lily, sur le coin du lit !

— Oh, mais c'est le même collier que le mien, enfin presque, celui-ci a les initiales W.B., constata-t-il en le prenant dans sa main et en le regardant de près.

— Jeunes gens, les visites sont terminées pour le moment ! annonça une infirmière qui venait de rentrer dans la chambre. Nous devons faire la transfusion de Monsieur, précisa-t-elle en tirant le rideau afin que personne ne les voie. Mais… mais… tu as ouvert les yeux !! Mais c'est un miracle ! Je vais vite avertir le docteur Schulz !

Elle quitta la pièce le temps d'appeler depuis le couloir.

— Tommy, on devrait prendre un peu de ce sang, tu ne crois pas ?

— Oui, tu as raison, mais je t'avoue que c'est un peu chelou de piquer du sang, surtout que c'est un fou interné dans un hôpital qui nous l'a dit !

— Certes, mais tout dans cette histoire est fou, et pour l'instant, l'Indien semble être le plus cohérent de tous. Et fou est aussi celui qui rationalise tout et qui ne tient pas compte de ce qu'il est en train d'observer, raisonna-t-elle judicieusement.

— Oui, c'est exact ! Monte la garde ! Et moi je vais voir comment je peux faire...

Lily se plaça devant la porte afin de surveiller le couloir alors que Tommy allait vers la poche de sang qui était prête à l'emploi. Dans le chariot, il trouva des éprouvettes vides, en prit deux qu'il commença immédiatement à remplir.

— Ils arrivent en courant, avertit la guetteuse.

Quelques secondes à peine plus tard, le docteur et l'infirmière entrèrent dans la pièce, se dirigèrent vers le lit, puis tirèrent le rideau.

— Excusez-moi, jeune homme, dit le docteur en passant devant

Tommy afin de contrôler les yeux du patient à l'aide d'une lampe de poche. Prenez note, infirmière : les yeux du patient réagissent à la lumière. La peau a récupéré de sa couleur et est hydratée.

Puis il claqua ses doigts de chaque côté de la tête de David.

— Il réagit au son.

Puis il lui pinça les orteils.

— Pas de sensation au niveau des orteils ni des jambes. Des doigts non plus, mais il réagit au niveau des côtes et du sternum ! dit-il en se tournant vers l'infirmière. Excellents progrès, Monsieur McCarty, excellents progrès ! Infirmière, faites sa transf de suite et surveillez-le toutes les trente minutes en effectuant des tests comme je viens de les faire. Prenez des notes et envoyez-les-moi en fin de journée. Avertissez-moi dès que vous avez du concret, ordonna-t-il à son assistante, avant de se retourner vers Tommy qui venait de cacher les éprouvettes dans la poche de sa veste.

— Tiens, je ne savais pas qu'il avait un frère ! dit le docteur.

— Est-ce qu'il va s'en sortir ? demanda Tommy, inquiet.

— Dans tous les cas, c'est en bonne voie. Cela fait des années qu'il est plongé dans le coma et je n'y croyais plus. D'ailleurs c'est votre maman qui insistait pour qu'on le garde en vie. Elle était certaine qu'il reviendrait parmi nous. Nous allons le suivre de près et voir comment il évolue. Je n'aurais jamais cru avoir le bonheur de le dire mais il y a de fortes chances que s'il continue comme ça, il puisse rentrer chez lui ! déclara le docteur en remettant son stylo-lampe dans la poche de sa blouse.

— Merci Docteur ! dit Lily.

Puis le docteur quitta la chambre.

— Bon, frangin, ravi de te savoir parmi nous, tiens bon. Je repasse te voir bientôt !

Lily et lui quittèrent la chambre pour aller à la réception afin de trouver un téléphone pour appeler Marc et avoir des nouvelles.

— Allô ? répondit Marc.

— Tcho ! C'est Tommy et Lily, dit-il en mettant le téléphone entre eux deux afin d'écouter.

— Purée, Tommy, Lily, vous n'allez pas en croire vos oreilles ! dit Marc, accompagné de Kareen « la Timide » et Alex le fils du shérif.

— Non, Marc, c'est vous qui n'allez pas nous croire ! affirma Lily

— Ah bon, pourquoi ?

— Parce que Monsieur Tommy, ici présent, vient de me faire une démonstration de nécromancie ! annonça-t-elle en taquinant son ami, et ce n'est pas tout…

Lily raconta à ses amis leurs aventures de la journée, le fait que Tommy avait un frère jumeau du nom de David, qui venait juste de sortir du coma et que leur mère était décédée récemment.

— Oh non ! Tu veux dire qu'on n'a pas de sang ? s'inquiéta Marc.

— Si, on en a. Il se trouve que ma mère avait rempli des poches de sang que l'hôpital mettait de côté et nous en avons récupéré des échantillons, répondit Tommy.

— Excellent ! De notre côté, nous avons réussi à traduire une page dans laquelle il est expliqué comment se débarrasser de la sorcière, mais il nous manque quelque chose, ajouta Marc.

— Qu'est-ce qu'il nous faut ? demanda Lily

— Il nous faut des ossements… des os des jumeaux de la sorcière… lesquels, avec le sang que vous avez, doivent être frottés sur deux feuilles du livre tout en répétant le nom de la sorcière en faisant des cercles de sang sur chaque page… et on n'a aucune idée d'où trouver les os !

Un grand silence s'empara des amis d'un côté du téléphone comme de l'autre. Puis ce fut une Lily remplie d'enthousiasme qui eut l'illumination…

— Les colliers ! Ce sont les colliers !! Tommy, quelles sont les initiales de ton collier ?

— KB et celui de mon frère WB. Mais quel est le rapport ? demanda Tommy à côté du téléphone.

— Les colliers sont les ossements !! répondit Lily.

— QUOI ? Je me promène avec un collier qui est un os humain ? s'indigna Tommy tout en regardant le collier avec dégoût.

— Oui et c'est lui la solution à cette situation ! D'ailleurs où est le tien ?

— Ben… dans ma chambre, suspendu, dit Tommy.

— OK, est-ce que l'un d'entre vous peut passer chez Tommy et prendre le collier ? Il est de couleur os avec deux lettres dessus et l'on dirait une dent de félin, précisa Lily.

— Oui, moi je peux aller, répondit Alex.

— Moi, dit le Geek, je vais chercher Alb et le livre.

— Mais est-ce que nous connaissons le nom de la sorcière ? Vous aviez mentionné qu'il fallait faire un rituel avec des cercles et prononcer le nom de la sorcière, non ? demanda Tommy.

— Sur le livre, il était écrit « Zyla la Sorcière Maudite », donc le nom est Zyla, dit Kareen.

— OK, ce soir, on met fin à cette malédiction et avec un peu de chance, tous les jumeaux sont encore en vie, dit Alex.

Un long silence s'ensuivit, durant lequel tous pensèrent à leurs amis disparus.

— Bon, récapitulons : Marc, tu vas chercher le livre et dire à Alb de faire passer le mot au reste de la bande que nous allons mettre fin à cette histoire et que nous devons tous nous rendre… on se voit où pour faire ça, à votre avis ? s'enquit Alex, le Chef.

— Là où elle a été brûlée ! dit Lily

— Excellente idée ! Voyons-nous à l'ancienne école. Moi, je passe chez toi, Tommy, afin de récupérer le collier et vous, Lily et Tommy, vous revenez tout de suite et on se voit sur place.

— Et moi ? demanda Kareen.

— Va chercher de l'eau bénite à l'église, trouve quelques croix, de l'ail et si ça ne t'embête pas, apporte quelques sandwichs, il serait sage que nous soyons en forme, dit Alex.

Ils raccrochèrent le téléphone et chacun s'en alla de son côté.

Chapitre 14

Le calme avant la tempête

CHAPITRE QUATORZE

- Le calme avant la tempête -

Alors que le soleil se couchait, un léger vent du sud se leva. Le ciel devint de plus en plus sombre et pas un seul nuage à l'horizon... Le firmament ressemblait à un tissu noir rempli de petits trous et derrière lequel se cachait une lampe illuminant l'univers.

Quelques membres de la bande se trouvaient déjà sur place et contemplaient la magnifique vue sur la mer et la ville quand arrivèrent Lily et Tommy. Cette dernière courut dans les bras d'Eithan, son petit ami. Tommy les regarda sans rien dire mais au fond de lui, il ressentait un peu de jalousie. Il avait toujours eu des sentiments pour elle mais n'avait jamais osé le lui dire car comment voudrait-elle d'un garçon aussi bizarre que lui ? Ce n'était pas pour rien qu'ils l'appelaient le Chelou.

Puis arriva Alex, qui se joignit à la bande, mais ils n'étaient que neuf cette fois.

— Vous avez faim ? demanda Kareen qui avait fait des sandwichs.

— Oui, bien volontiers ! dirent les amis.

Tout le monde était silencieux. Personne ne disait mot. C'était comme un moment de calme avant la tempête, peut-être un dernier moment de répit ou simplement un moment de recueillement. Ils savaient tous qu'ils allaient risquer leur vie et que peut-être ils échoueraient, mais ils préféraient de loin mourir dans la tentative que vivre avec la culpabilité de ne pas avoir empêché ces disparitions, ce qui, tôt ou tard, aurait des répercussions dans leur vie future. Ils savaient qu'il fallait casser ce cycle une bonne fois pour toutes.

La lune s'était à présent levée, elle était immense et argentée. Elle illuminait toute la ville et se reflétait sur l'eau comme du mercure. La vieille école, bien que tombée en ruine, tenait encore debout. Derrière, se trouvaient le cimetière et la forêt plus loin...

Toute la bande se rassembla en cercle en se tenant les mains.

— Mes amis, dit Alex, ce soir nous allons nous battre, non pour la guerre, comme font les gens lorsqu'ils vont se battre, mais pour la paix, et c'est en son nom uniquement que nous nous battrons. C'est pour le bien-être de ceux que nous aimons et de ceux que nous n'avons pas connus que nous le faisons. C'est pour nous, nos familles et nos descendants que nous nous battrons. C'est pour réparer les erreurs de nos aïeuls et briser la malédiction qui pèse sur notre ville que nous le faisons. Et c'est surtout pour nos amis Mike et Steve, membres de notre « B12 » que nous allons mettre un terme à cette histoire. Je ne sais pas ce à quoi nous serons confrontés et ce contre quoi nous nous battrons, mais je sais que nous sommes les seuls à pouvoir y remédier. Ce à quoi nous allons faire face est quelque chose auquel aucun humain ne devrait faire face. Mais nous ne sommes pas n'importe quels humains. Nous sommes la « bande des Douze », tout comme Mike et Steve et je sais que peu importe où ils sont, ils se battront à nos côtés.

Alors qu'Alex prononçait ces mots, un vent chaud se leva et une ambiance oppressante se fit sentir.

— Ce soir, mes amis, nous ne sommes pas seuls face à cette maudite sorcière, ce soir, nous nous battrons ensemble en tant qu'un, ce soir nous sommes un seul esprit, un esprit de corps, ce soir, nous sommes la « bande des Douze » !! ÊTES-VOUS PRÊTS ?? demanda Alex sur un ton héroïque qui donna de la force et du courage à ses amis, comme seul lui pouvait le faire.

— OUI, NOUS SOMMES PRÊTS ! répondirent-ils tous.

— ET CE SOIR, ZYLA, NOUS METTRONS FIN À TON HISTOIRE ! cria Alex de toutes ses forces.

Une bourrasque les frappa comme si un fantôme se déplaçait ici et là, autour d'eux, puis au travers de leur cercle afin de les séparer les uns des autres. Le vent soufflait de plus en plus fort et ils avaient du mal à s'entendre...

— Alb, tu as le livre ? demanda Alex.

— Oui, je l'ai ici.

— Bien, donne-le à Tommy, il va faire le rituel, dit Alex.

C'est à ce moment précis qu'ils furent frappés par un puissant coup de vent qui emporta le livre et projeta les jeunes au sol. Les plus chanceux n'eurent rien mais l'un d'eux, William, fut projeté contre un rocher qu'il heurta de la tête avant de s'évanouir.

Lily vit ce qui était arrivé à William et courut à son secours.

Le reste des membres de la bande se releva aussi vite que possible...

— Le livre ! Il s'est envolé ! s'écria Tommy.

Puis une voix d'outre-tombe, celle d'une femme mais aussi doublée par celle d'un démon, se fit entendre dans un grand écho :

— Est-ce ceci que vous cherchez ? Le livre qui m'a maintenue prisonnière pendant de si longues années ? Et duquel ce fameux asticot m'a libérée ? D'ailleurs, comment va-t-il, gamine ? demanda la sorcière en regardant Lily.

Lily, prise de rage, prit la première chose qu'elle avait à portée de main, un bâton, qu'elle lança de toutes ses forces en direction du spectre flottant dans les airs.

— Mon frère est en vie et il s'en sortira ! assura-t-elle en le lançant.

— J'espère que tu lui as dit au revoir car ce soir, lorsque la lune aura atteint son zénith, il ne fera plus partie de ce monde, répondit le spectre.

Le bâton traversa le fantôme puis fit demi-tour avant de se diriger encore plus vite en direction de Lily qui portait secours à son ami. Le bâton la frappa à la tête et elle s'écroula aux côtés de son ami.

— Ha ! Ha ! Ha ! Penses-tu vraiment que c'est un simple bâton qui va me faire mal ? Il va falloir être plus ingénieux que cela, petit asticot ! dit la sorcière... D'ailleurs je vous remercie d'avoir conduit ce livre jusqu'à moi. Le détruire assurera ma liberté !

Or, alors qu'elle s'apprêtait à le détruire, Kareen apparut derrière le fantôme avec le pistolet à eau de son petit frère.

La tête du fantôme tourna sur elle-même...

— Oh que c'est charmant ! Une gamine qui me menace avec une arme-jouet... Je pense que tu es la première que je vais emporter avec moi ce soir !

Kareen la regarda avec un regard déterminé et sans montrer la moindre once de peur.

— Ah oui ? Bah... prends ça, espèce de drap plissé !

Puis elle appuya sur le pistolet duquel jaillit un jet d'eau qui se transforma en une pluie de fines gouttes à cause du vent.

La sorcière poussa un cri aigu et atroce qui fit s'envoler les oiseaux de cette partie de la forêt voisine et qui la fit lâcher le livre qui tomba au sol près de Tommy.

— Quoi ? De l'eau bénite ? Comme oses-tu, petite peste ? Je vais t'apprendre ! cria la sorcière.

— Tommy, vite, le livre ! Fais le rituel ! clama Alex en lui jetant le collier qu'il avait récupéré dans sa chambre.

Tommy attrapa son collier et rampa jusqu'au livre.

— Lily, le sang !

La sorcière provoqua une implosion pendant laquelle Kareen essaya en vain de se mettre à l'abri. Après l'implosion, le vent s'arrêta pendant quelques brefs instants avant qu'elle n'explose, créant ainsi une forte impulsion qui projeta Kareen contre le mur de l'ancienne école.

— Petite insolente ! Cela t'apprendra ! dit la sorcière, alors que sa tête se tournait pour être face à elle, comme le reste de son corps éthéré. Maintenant, où en étions-nous, les enfants ? Ah oui, le livre !

Avant que l'explosion se produise et qu'ils soient tous projetés en arrière, Lily avait juste eu le temps de tendre le sang à Tommy. Tommy et Alex atterrirent près de la voiture d'Alex.

— Tommy, ça va ? Tu n'as rien ? demanda Alex.

— Non, moi ça va, mais Lily a frappé avec sa tête celle d'Eithan et il s'est sont écroulé au sol. Purée, on est mal barrés ! dit Tommy, alors qu'il prenait l'os qu'il portait autour du cou et qu'il ouvrait le livre maudit... Où sont les pages manquantes ? s'inquiéta-t-il.

— Tiens, en voici une, dit Alex.

— Et l'autre ?

— L'autre ??

Alex se tourna vers Alb :

— Alb, où est la deuxième page ?

Mais Alb était trop loin pour l'entendre. Alex devrait crier et cela allait attirer l'attention de la sorcière.

— Reste caché ici, Tommy, je vais demander à Alb. Mais il a intérêt à l'avoir, sinon on est fichus ! dit-il en rampant vers Alb.

— ALB ! OÙ EST LA DEUXIÈME PAGE ?

— La deuxième quoi ?

— La deuxième page ! répéta Alex, ce qui attira l'attention de la sorcière.

— Je ne l'ai pas ! répondit-il.

— QUOI ?? s'exclama Alex avant de se faire traîner au sol par une jambe puis lancer contre le mur proche de Kareen.

— Bande d'inconscients ! Vous osez défier une sorcière alors que vous n'êtes pas prêts. Vous auriez mieux fait de vous préparer à cet affrontement et cela va vous coûter la vie à tous et ensuite, je m'en prendrai à vos familles, comme je l'ai fait dans le passé, rétorqua le fantôme en se dirigeant vers Alb... Où est le livre ? Réponds ou je te tords le cou, petit gros lard !

— Plutôt mourir que balancer l'un des miens, sale sorcière ! dit Alb courageusement...Va-t'en, Tommy, va-t'en !

Alors que la sorcière s'apprêtait à lui tordre le cou, cette dernière fut arrosée par de l'eau bénite contenue dans le pistolet de Kareen qui se tenait debout tant bien que mal. La sorcière laissa tomber Alb au sol avant de se diriger vers Kareen qui lui lança un sac avec des bouteilles d'eau bénite que la sorcière n'eut aucun mal à esquiver.

— Pauvre minable créature ! Ton insolence te conduira tout droit à ta perte ! dit la sorcière qui enfila son bras éthéré à l'intérieur du corps de Kareen.

Pendant ce temps, Tommy posa la feuille qu'il possédait à la page d'où elle avait été arrachée. Cette dernière se recolla immédiatement comme par magie, ce qui eut l'effet d'un électrochoc sur la sorcière qui cria de douleur et lâcha immédiatement Kareen qui tomba, comme sans vie, au sol.

La sorcière, furieuse, vola en direction de Tommy qui était assis, appuyé sur l'autre côté de la voiture d'Alex, tenant une fiole de sang dans sa main.

La sorcière apparut par-dessus le capot de la voiture.

— Ah te voilà donc, petit morveux abandonné ! cria-t-elle en lui écrasant la tête contre la voiture. Je sais qui tu es… jeune médium, ce que toi-même ne sais pas, dit-elle de sa voix démoniaque.

— Je… je ne suis pas médium, répondit-il.

— Pauvre crétin ! Tu ne connais même pas tes origines… Je vois que tu prépares l'incantation qui me piégerait de nouveau mais sais-tu au moins quel est mon nom ? demanda la sorcière.

— Oui, tu es Zyla, la Sorcière Maudite.

— Tu vois, vous n'étiez pas prêts… Allez, je te laisse une dernière chance avant de te faire quitter ce monde… Je suis… dit-elle, alors que Tommy commençait à saigner des yeux, narines et oreilles.

— T… tu… tu es...

— Mary Elizabeth Blake ! Et par les pouvoirs dont je suis investie, je te conjure de quitter ce monde, Mary Elizabeth Blake ! clama une voix ferme et familière.

Tommy s'essuya le sang des yeux et vit trois silhouettes. L'une d'entre elles s'avança dans sa direction, tenant une croix à la main et disant des mots en latin « mali spiritus expavescimus ». La sorcière sembla prendre peur et recula, puis la silhouette arriva à la hauteur de Tommy.

— Oh Tommy, je suis désolé pour tout ce qui arrive, c'est de ma faute ! Vous n'auriez jamais dû tomber sur ce livre si j'avais bien fait mon devoir de gardien ! À propos, tiens, voici la deuxième page ! Et son nom est Mary Elizabeth Blake, dit la silhouette.

Tommy leva les yeux et vit le Père Mathieus qui lui tendait la deuxième feuille. Alors qu'il nettoyait le sang qui lui coulait sur le visage, il ouvrit le livre de nouveau et posa la feuille qui se colla immédiatement au livre. L'esprit poussa des cris de colère et de douleur et chargea le prêtre qui gicla dans les airs. La créature se tourna vers Tommy lorsqu'elle reçut un coup de batte de bois qui la toucha. C'était M. Hellport, directeur de l'école qui tenait la batte !

— Alors, Mary Beth, ça fait mal ? Du Lignum Sacris venant tout droit du Bois Sacré !

Le directeur, qui avait toujours eu une prestance des plus civilisées, avait enlevé sa veste et sa cravate, déboutonné les trois boutons de sa chemise – ce qui dévoila une partie d'un tatouage – et remonté ses manches. Il était en train de passer un sacré savon à la sorcière.

Tommy profita de cet instant pour verser du sang sur les os... Il s'assit et posa le livre sur ses cuisses. Il prit un os dans chaque main et fit des cercles dans des sens opposés tout en prononçant le nom de la sorcière :

— Mary Elizabeth Blake… Mary Elizabeth Blake… Mary Elizabeth Blake… Mary Elizabeth Blake…

Qu'ils eussent le dessus sur la sorcière avait apaisé le vent, mais pas pour longtemps, car, au fur et à mesure que Tommy prononçait ces mots, le vent se leva de nouveau, mais cette fois, c'était différent. Il y avait comme deux sources de vents, deux petits ouragans et ce n'était rien de moins que les spectres des jumeaux de la sorcière.

Des voix enfantines entrecoupées de sons démoniaques se firent entendre :

— Maman, pourquoi tu nous as laissés seuls ? Pourquoi, maman ? Maman ? Réponds, maman !

Le prêtre, qui avait repris ses esprits, encourageait Tommy :

— Continue, mon garçon, c'est bien ! Ses enfants sont là !

Tommy continuait à réciter le nom de la sorcière : « Mary Elizabeth Blake… Mary Elizabeth Blake… Mary Elizabeth Blake… Mary Elizabeth Blake… Tout en dessinant des cercles sur les pages qui venaient d'absorber tout le sang. Tommy dut s'arrêter afin de mettre plus de sang sur les os et l'esprit récupéra temporairement de la force. Il frappa M. Hellport qui atterrit sur le capot de la voiture.

Tommy versa alors le contenu des deux éprouvettes sur chacune des pages et se mit de nouveau à tracer des cercles en prononçant le nom complet de l'esprit. La sorcière s'attaqua à la gorge de Tommy qui ne put plus parler. Le Père Mathieus se leva et prononça le nom complet de toutes ses forces : « Mary Elizabeth Blake… Mary Elizabeth Blake… Mary Elizabeth Blake… Mary Elizabeth Blake…

La sorcière l'attrapa aussi par la gorge sans lâcher celle de Tommy et à son tour, le Père Mathieus ne put plus parler. Puis ce fut la voix de Lily qui prononça le nom, puis Eithan et Kareen aussi. Les enfants prononçaient le nom de Mary Elizabeth Blake ensemble. Le shérif était la troisième silhouette qui les avait rejoints et il aida les jeunes à se remettre de l'attaque.

Le vent soufflait à toute vitesse mais, comme s'il ne dérangeait pas les humains, il s'attaquait uniquement à la sorcière qui avait à présent lâché le prêtre mais non le jeune garçon qui continuait tant bien que mal à tracer des cercles. Or, alors que la force de la sorcière devenait de plus en plus faible, il se passait de même avec la vie de Tommy... Sa main avait de moins en moins de force et ses cercles étaient de moins en moins ronds.

Les esprits des jumeaux emportèrent leur mère dans un tourbillon qui rentra dans le livre pour disparaître, après quoi, il se ferma avec le crochet, « Clic ! », et Tommy tomba au sol.

Chapitre 15

Rencontre

CHAPITRE QUINZE
- Rencontre -

Tommy ne comprenait pas ce qui se passait. Il se trouvait deux mètres derrière l'endroit où il était auparavant. Sa vision était floutée et bien qu'il ne pût pas voir clairement les objets, il arrivait à les percevoir, comme s'il distinguait la substance des choses plutôt que les objets apparents. La vue était magnifique. Les plantes et les arbres étaient différents. Il en émanait une force vitale sublime et il pouvait les ressentir. Tout était tellement plus vrai comparé à ce que ses yeux voyaient avant, le réel.

— N'est-ce pas magnifique, la perception des choses ? dit une voix douce et réconfortante.

Tommy se retourna afin de voir celle qui était derrière lui.

— Tu n'as pas besoin de deviner qui je suis, tu le sais, dit-elle.

— Maman ? C'est vraiment toi ?

— Oui, c'est bien moi, dit l'esprit bienveillant en se rapprochant de lui. Je suis très fière de tout ce que tu as fait, mon fils. Tu n'as pas seulement sauvé la ville de l'emprise de la malédiction, tu as aussi sauvé tous les enfants enlevés ! dit-elle.

— Merci maman ! Nous sommes finalement réunis, se réjouit Tommy.

— Oui, mais ce n'est que pour un court instant, mon fils. J'ai besoin que tu retournes dans ce monde, dit-elle calmement.

— Je ne veux pas y aller, je n'ai pas besoin de ce monde-là ! Je veux rester avec toi !

— Je sais, mon fils, ce n'est pas toi qui as besoin de lui mais bien lui qui a besoin de toi. Ta vie ne s'achève pas ici. Tu as d'autres batailles à mener. Et surtout, tu n'es plus seul. Tu as ton frère et il a aussi besoin de toi comme toi de lui !

— D'accord, maman. Mais je me demande encore, en voyant tout ça, tout ce qui s'est passé et ce que la sorcière a dit que j'étais… je me demande…

— Qui tu es ?

— Oui, qui suis-je ?

— Tu es toi. Et tu es un gardien. Tu es vivant mais tu peux percevoir le monde au-delà de ses apparences et de la matière, répondit-elle. Maintenant va-t'en… Rejoins tes amis et prends soin de ton frère. Je vous aime et n'oublie pas que je serai toujours là.

Sur ce, un son aigu se fit entendre et Tommy se fit aspirer en arrière pour se réveiller dans son corps. Le shérif lui faisait un massage cardiaque…

— Purée, Tommy, tu nous as fait peur ! dit le shérif Dayton entouré de tous ses amis.

Lily lui sauta au cou et le prit dans ses bras.

— Tu nous as fait une peur bleue ! On a cru te perdre !

— J'ai vu ma mère ! J'étais mort ! déclara Tommy.

— C'est bon, c'est bien lui ! C'est notre Chelou ! dit Alex.

Puis ils se mirent tous à rigoler.

— Hey, ils sont là !

C'était la voix du Père Mathieus qui découvrait les enfants sous les ruines de l'ancienne école. Ils venaient tous de se réveiller d'un long sommeil bien lourd qui tenait d'un vrai cauchemar. Le shérif avait appelé des renforts pour venir récupérer les enfants.

— Je dois donner le livre au Père Mathieus, dit Tommy en se relevant.

— Gabriel, viens ! cria M. Hellport en direction du Père Mathieus qui aidait les enfants.

— Je suis là, Tommy, qu'y a-t-il ? demanda le prêtre qui courut en direction du jeune homme.

— Tenez, mon Père, c'est le livre, il est à vous ! lui répondit Tommy en le lui tendant.

Quand le Père Gabriel Mathieus le toucha et que le livre fut à leur contact à tous les deux, ce dernier se mit à vibrer de plus en plus fort. Un bruit sourd retentit et tous regardèrent le livre sans prononcer un seul mot.

Puis il y eut un « clic ». Et la serrure du livre s'ouvrit !

- FIN -

Cher lecteur,

J'espère que l'histoire de la malédiction de la sorcière t'a plu et que tu as eu autant de plaisir à la lire que moi à l'écrire ! Les aventures de la "B12" continuent et la prochaine dévoilera la nature étrange d'un personnage très important !

À bientôt ! g. Abby Staler

PERSONNAGES

Albert : Membre de la B12 et copain d'enfance de Danny.

Abby Miller : Bibliothécaire à l'accent anglais.

Alex - le Chef : Membre de la B12, fils du shérif.

B12 : Bande de copains formée de douze membres.

Daemon Hellport : Directeur de l'école.

David : Frère de Tommy.

Danny : Membre de la B12, frère de Lily.

Eithan : Petit-ami de Lily et membre de la B12.

John Dayton : Shérif de Pleine-Lune et père d'Alex.

Lily : Membre de la B12, sœur de Danny.

KB et WB : Initiales des jumeaux Blake, fils de la sorcière.

Kani Ohinawa : Ami du grand-oncle de Tommy surnommé l'indien.

Kareen - la Discrète : Membre de la B12.

Marc - le Geek : Spécialiste en informatique. Membre de la B12.

Mary Elizabeth Blake : Sorcière maudite.

Mike : Frère du Relou. Membre de la B12.

Père Gabriel Mathieus : Prêtre.

Peter McCarty : Grand-oncle de Tommy.

Steve - le Relou : Frère de Mike et membre de la B12.

Tommy - le Chelou : Membre de la B12.

William : Membre de la B12.

G. ABBY STALE

LA BÊTE DE PLEINE-LUNE

CECI EST TON PROCHAIN LIVRE

COURS PETITE FILLE, COURS !

Livres disponibles du même auteur :

Saison 1

Volume 1 : La Malédiction de la Sorcière
Volume 2 : La Bête de Pleine-Lune
Volume 3 : Invasion à Pleine-Lune
Volume 4 : L'homme à l'imperméable

Saison 2

Volume 5 : Le Manoir Flaminis
Volume 6 : Opération Cerberus - part 1
Volume 7 : Opération Cerberus - part 2
Volume 8 : Tamaria - part 1
Volume 9 : Tamaria - part 2
Volume 10 : Au Royaume des Damnés

Suivez-nous sur notre page facebook :

https://www.facebook.com/G.Abby.Stale.Writer/

www.g-abbystale.com

Saison 1 disponible aussi en anglais et français. Saison 2 disponible en français uniquement sur tous les magasins en ligne Amazon de la planète.

Printed in Great Britain
by Amazon

30469589R00093